LA DERNIÈRE CABANE AVANT LA FORÊT

DIDIER GUILLOT

LA DERNIÈRE CABANE AVANT LA FORÊT

Témoignage

ÉDITIONS

LA TRACE

ÉDITIONS

LA TRACE

www.editionslatrace.com
www.facebook.com/editionslatrace
FRANCE 2024

ISBN 9782487261150

Un dimanche soir

Je ne connais rien du lac Inari perché haut dans le nord de la Finlande. J'eus à plusieurs reprises l'occasion de traverser ce pays de moustiques sous sa modeste chaleur d'été. Avec ses forêts insistantes. Ses maisons de bois colorées. Sa capitale au charme bancal. Mais jamais mon pas ne poussa au-delà de la région de Kuusamo. Malgré une indéniable attirance, la Laponie devait attendre.

J'ignore pourquoi François jeta son dévolu sur cette vaste étendue d'eau. Peut-être des eaux plus claires. On ne s'explique pas certaines attirances. Assurément, une histoire de coup de foudre.

La vieille carte exhumée d'un tiroir, je situe vite la large tache bleue parmi la constellation de lacs. Ses mensurations en imposent. Environ 80 kilomètres sous la toise. Une large base pour commencer et sur sa partie haute, deux oreilles étranges lui donnant un air d'animal apeuré. À moins qu'il ne s'agisse de bras prêts à en découdre avec le turbulent voisin russe.

Privée de côtes septentrionales, la Finlande fait de ses lacs de véritables océans intérieurs où s'organise une vie de pêche et de bains de mer. Les barques tranquilles, les peaux couleur de lait, l'air parfumé de viandes grillées, les rires forts, les émotions. Comme une fin de semaine de bords de Marne. Les plaisirs n'ont que faire des frontières. Les rives s'agitent jusqu'à l'embrasement de l'automne. Une dernière pêche, un dernier plongeon et la place est laissée aux ondes neigeuses. La croûte terrestre que morcelle la chaleur du printemps étend à nouveau son emprise. Le grand lac Inari, le plus grand lac du pays s'arrime à la terre pour un long hiver. Les eaux se figent. Les motoneiges se lancent, les paisibles voiliers rejoignent les hangars. C'est un temps de métamorphose.

François est un habitué des virées boréales. Et de préférence lorsque l'hiver fait asseoir les familles au coin du feu. Il puise dans ces territoires que les autres désertent le supplément d'âme que nulle autre terre ne lui apporte. À les négliger, il ressent comme une perte d'équilibre.

Sous ses pommiers charentais chassant la chaleur de l'été, la bière fraîche à la main, nous parlions de nos horizons. Et lorsque l'alcool frappe les tempes, les engouements enflent, le monde s'ensauvage, les équipages se forment, les parcours abondent et les promesses sont inévitables. On se découvre des passions communes, l'envie des mêmes traces. Les dernières réticences cèdent. Les rêves s'affirment. Pourquoi pas un bout de chemin ensemble ? Les emplois du temps se bouleversent. Les verres enthousiastes s'entrechoquent. La nuit s'ouvre sur des chemins merveilleux et on signe un engagement pour des départs lointains. Les directions s'emmêlent, les cartes se chevauchent. À un certain degré d'emballement, on ne sait plus trop où vont les routes. Et c'est à la barre d'un magnifique voilier fendant les eaux de la mer rouge que le sommeil vous cueille.

Et lorsque les premiers rayons du soleil poussent hors du lit, vous reviennent la magnifique soirée, l'alcool abondant, les trajectoires détournées des envies de mers chaudes pour la lumière faiblarde de l'Arctique. Et les promesses proférées avec l'assurance du tribun.

Le mal de tête pèse. Ce matin, tout est lourd et disgracieux. On fait l'inventaire des mots lâchés dans le bonheur d'une soirée. On les malaxe, les dégonfle. On se persuade de leur inconséquence. Ils ne sont que d'aimables bravades. On fléchit et on finit par se rabougrir. Les rêves encombrent et se remisent. On mise sur l'oubli. Après tout, le temps n'est-il pas là pour user les mémoires ?

Mais parmi les convives de la soirée, il y a l'acharné ou peut-être le moins saoul qui, pour une obscure raison conserve comme une relique valeureuse, les serments criés dans l'exaltation d'un soir. Peut-être note-t-il avec scrupules chaque turbulence de sa vie ou est-il de ces honnêtes personnes croyant encore en la force de la parole et des mots. Quand bien même fussent-ils prononcés sous l'emprise alcoolique.

Les semaines cheminent et le coup de fil de fin de dimanche. La sonnerie si puissante que les murs de la maison en conservent longtemps le souffle. Une voix chaude et assurée me rappelle mon épatante prestation d'une nuit estivale, notre soif commune d'aventure et l'importance pour l'homme de se tenir debout et d'avancer. Que la région polaire nous attend. Qu'il n'y fait pas si froid. François n'a rien oublié de nos échanges. Il est cet acharné magnifique qui fait de sa vie matière à assouvir ses rêves. Pendant que l'appétit naissant me traîne jusqu'à la cuisine et son parfum d'échalote, l'esprit vogue entre crainte et plaisir. Par coquetterie forcée, j'hésite dans la réponse, mais ma décision est depuis longtemps prise. J'espérais cet appel et ne peux refuser à François d'être le quatrième homme à me perdre dans l'hiver finlandais.

Ce garçon a des rêves si contagieux.

La douche froide

Me voici avec un calendrier bouleversé. Même habitué au chaos que le voyage s'obstine à produire, je sors ici du cadre. Mes marches pratiquées sur les sentiers de France sentent bon les vieilles habitudes. Chaque sortie les allonge, les raidit et trouve les indispensables replis où les vivants sont rares. Mais il s'agit d'une simple maîtrise de l'effort et de la douleur, d'une purge de choses inutiles. Les marathons s'accumulent, les paysages se traversent avec une facilité déconcertante. Il y a bien de petites misères à soigner et d'euphories à profiter, mais l'aventure n'est guère invitée dans cette affaire. De vieilles habitudes donc.

Avant que mes voyages ne sentent le pot-au-feu, l'urgence de passer à de nouveaux territoires. François m'ouvre grand les siens. Un périple finlandais basculant dans l'inconnu norvégien. À skis, à tirer l'essentiel blotti dans de longs traîneaux. Des pulkas promises à devenir nos plus grandes alliées. Je n'en sais guère plus mais je m'en fiche. L'important est de mettre un grand coup de pied à l'horizon.

Un mois pour préparer ce voyage. Mon paquetage toujours prêt à bondir sur des épaules vaillantes est habitué au vent, à la grêle, au froid de pays raisonnables. Je sors le valeureux équipement et constate son évident épuisement. Mon pantalon de marche subit au dernier printemps la morsure d'un chien montagnard et dévoile une large entaille au niveau de la cuisse. Mes chaussettes ne résistèrent pas au roulis des derniers kilomètres et ma fidèle veste a la légèreté des jours de plein soleil. À l'évidence, l'ensemble ne supportera pas la mauvaise humeur d'un mois de janvier finlandais. Même si François me promet un froid sec, le renouvellement de ma garde-robe s'impose.

Dans un magasin proche, j'achète une paire de chaussures résistant à des températures que notre climat ignore.

Le rabais affiché témoigne du désarroi du commerçant de se débarrasser de l'encombrant objet. Le surplus est négocié à distance avec un aimable spécialiste de l'aventure. Mon sac se charge dans un temps court de couleurs nouvelles.

Le tas de vêtements s'élève sur le tapis du salon. J'inspecte, déplie, replie. Fourre dans mon sac. Les étiquettes annoncent de hautes performances pour des types incroyables. Ces bouts de tissu sont prêts à en découdre. Mais moi, le suis-je ? Je suis un peu désemparé. Pour avoir écouté les aventuriers raconter leurs dérives sur des banquises, il y a toujours la précision d'une préparation physique et mentale, une nutrition tenue au cordeau. Ma dernière assiette s'est remplie d'une côte de porc et de haricots blancs. Et la matinée m'a vu courir sous la chaleur. À l'évidence, certaines choses peuvent s'améliorer. J'ai hâte de rencontrer les autres membres de l'équipe et les questionner sur leur pratique.

En attendant, il me reste ma mémoire et une boîte de souvenirs pour m'accommoder de ce pays que je vais retrouver si différent de ce qu'il est au mois d'août. Des photos argentiques d'un voyage ancien, prises à la va-vite par celui qui a peu de temps à accorder à autre chose qu'à son bonheur. Malgré la piètre qualité, je distingue aisément un parcours baigné d'une lumière insistante. Quelques heures d'une obscurité juste bonne à contenter un insomniaque. Trois amis filant à vélos entre forêt et lacs. Chaque cliché témoigne d'un soleil radieux que je dois soustraire à ma vue. Le cerveau s'habitue si vite aux douceurs de l'été. Et d'été, il n'en est plus question. Des tickets de caisse dont l'insignifiance peut interroger sur leur présence dans la boîte. Mais à 20 ans, la richesse d'un souvenir ne se trouve pas dans le prix dépensé pour l'obtenir mais dans l'émotion qu'il suscite à simplement le poser dans sa main. Je n'ai plus 20 ans et ces tickets ne m'évoquent que les allées froides et tristes d'une supérette. Fichu temps qui passe. Une clé d'un anti-vol, sans anti-vol. Tout me revient. Une soirée électrique dans un bar où la prudence s'évapore. Mon vélo qui disparaît et le retour en stop de Kuusamo jusqu'à Bruxelles avant que le train ne vide mes poches de mes dernières pièces. Peut-être est-ce de cette aventure que me vient le goût pour la marche.

Et pour finir, une carte déjà ouverte sur la table. Avec ses marques attentives griffonnées sur le début du parcours et le sentiment de son soudain délaissement dans une poche de veste. Les nez se levèrent à mesure que nous progressions. Le charme de ses courbes de niveau subit la concurrence d'un monde neuf. À un certain degré d'émerveillement, on oublie les cartes pour confier le voyage à son seul instinct.

Ma préparation mentale s'arrête à l'exploration de cette petite boîte et aux effluves d'eaux stagnantes et d'herbes fortes qui s'en dégagent. Je pénètre la région des mille lacs comme si personne ne m'en avait délogé. Mais il me faut l'oublier. Aller plus haut. Chez la voisine lapone. À me préparer à l'inconnu. Cabossé par des élans de grêle, courbé par des vents, attaqué par l'humidité et le froid vif, jamais je ne fus confronté à la réelle rudesse d'un climat.

Dès le lendemain, j'entame une série de réveils au clairon d'une douche froide et expérimente mon corps à ses nouvelles limites. Mais il dompte si bien l'agression que j'en éprouve presque une déception. À entrevoir ses entraves, c'est déjà envisager les moyens à mettre en œuvre pour s'en libérer. Mes limites sont ailleurs et je ne dispose que de peu de jours pour en dessiner les contours. Mais c'est bien du côté du froid qu'il me faut gratter.

L'annonce

Pour ce qui est du tracé et de la logistique, l'inexpérience qui est la mienne, m'interdit toute initiative. Mes habitudes de marche se veulent longues, solitaires et à bonnes températures. Aussi, je laisse à François le soin d'organiser le périple pendant que je me limite aux deux seules tâches à mes yeux essentielles : la rencontre avec mes nouveaux compagnons de cordée et l'annonce du projet à Kukka Maria, une Finlandaise qui partage mon amitié depuis de longues années.

La première étape fut conduite dans un rapide éclat de rire et une complicité immédiate. Face à moi trois gaillards à l'esprit voyageur. Christophe, agriculteur, aussi attaché à sa terre familiale de nord-Charente qu'à celle juchée dans le nord de l'Europe. Affable et travailleur, il présage des bivouacs confortables et agréables. Marc, ancien professeur de

sport, est la caution sportive et technique de l'épopée. Son parcours le traîna haut et loin. Sa dernière sortie fut tanzanienne sur les pentes du Kilimandjaro, à accompagner quelques âmes dans leur quête de rédemption. Et bien sûr, François.
Également agriculteur, mais de la mouvance biologique. Lui nous assure l'éthique des rêveurs. Celle qui oblige l'adulte à questionner sa part d'enfance. Le poignard de trappeur accroché à la ceinture témoigne des courses enneigées aux côtés de Jack London.

Pour ma part, je ne propose que ma bonne humeur et un souffle inoxydable. Ce qui paraît une bien maigre dot suffit à me faire accepter par le groupe.

Et c'est adoubé et joyeux que je me rends chez Kukka relater mon entreprise. Sans plus de craintes que d'aller au marché ou à la plage. Une Finlandaise ne peut qu'apprécier l'initiative. Ils ne sont pas si nombreux les hommes s'intéressant aux froids qui ne sont pas les leurs. Peut-être va-t-elle en retirer un certain orgueil ? Vanter les mérites de son pays lointain. Peut-être déclamera-t-elle un poème de Eino Leino pour fêter mon fabuleux projet. Mais c'est un visage blanchi par la colère qui m'accueille. La Finlande s'apprécie sous le soleil et seule sa partie sud est digne d'intérêt, entendis-je.

Je m'aperçois vite qu'à trop lorgner sur la France, elle en a oublié de lever la tête et d'admirer son propre pays. Elle n'ose m'avouer que jamais elle ne se rendit en Laponie. L'idée fausse que tout se passe ailleurs, d'une meilleure culture au-delà des frontières. Et sa colère venait de l'intérêt que je portais à ce pays qu'elle ne connaissait pas si bien et qu'elle avait peut-être fui pour une cause obscure. Aux immenses forêts protégeant les discrets trolls. Au peuple sami ignoré jusqu'au mépris par la poignée de dirigeants à la tignasse blonde. Mais sommes-nous si éloignés du regard longtemps porté par l'élite parisienne sur les saillies provinciales ?

Le ton monte. Les arguments s'affûtent. Je vais en Laponie. Kukka n'ira pas. Je suis rouge. Kukka boude. J'essaie de comprendre. Kukka esquive. Je défends son pays comme s'il m'avait élevé. Le dîner se poursuit dans l'embarras. Mais nous ne sommes pas du genre à nous émouvoir d'une engueulade. Même vigoureuse. La petite finlandaise rencontrée dans un amphithéâtre de faculté de droit a le visage des meilleures amitiés et la mauvaise foi d'un prédicateur. Je ne peux lutter face à toutes ces qualités. Le plaisir de se retrouver ne s'émousse pas avec les années et les secousses régulières sont là pour nous rappeler la solidité de notre relation. Le poulet fumant sur la table fait les frais de la paix vite retrouvée.

Nous jurons devant mon épouse et son compagnon que de Finlande, il n'en soit plus question jusqu'à la fin de la soirée. Un dernier sourire, des embrassades comme seuls savent le faire les vieux camarades. Et je repars encore étonné que les hommes puissent avoir des espérances si dissemblables.

Les préparatifs

Sur le carrelage froid de la cuisine s'étale l'exigence d'une vie boréale. Les rations de graines et de fruits secs passent à la pesée, les sacs se répartissent, les vêtements et matériels inspectés. Tout ce que mes habitudes de marche confient à l'imprévu est ici traqué. Le parcours se constelle de points GPS. Les latitudes croisent les longitudes. Les cartes se découpent en de petits mouchoirs et se couvrent d'une couverture plastique. Il est question de masse graisseuse, de kilojoules dépensés et du froid carnassier. Ma vision poétique du voyage se perd dans des chiffres et des courbes. Mais j'ai bien conscience que de la poésie, le froid n'en a pas grand- chose à faire.

Nous montons sous un air clément et sur une herbe grasse la toile de tente appelée à affronter l'hiver. Une première rencontre avec ce qui doit nous protéger de toutes les rigueurs. Son architecture est commune à celle des tipis indiens au centre de laquelle prendra place le petit poêle à bois. Sa rotondité permet de protéger quatre hommes et l'essentiel de leurs bardas. Je n'imagine pas encore la chorégraphie nécessaire pour que la raideur de nos corps épouse la courbure de ses formes. Mais avant d'envisager l'étonnant ballet, d'autres détails demandent à être réglés. Et en particulier, l'entêtant refrain du voyageur provincial rejoignant un aéroport parisien. Malgré le volume de nos quatre pulkas pareilles à des canoës d'Indiens Cherokee, la lourdeur de nos paquetages, le choix se porte sur le train en partance de la gare d'Angoulême et une plongée dans l'embarras du métro pour rallier l'envol.

L'essentiel réalisé, j'écoute avec grand intérêt les expériences de mes compagnons. Qu'ils soient en Finlande ou dans le Vercors, leurs voyages dérapent sur des plaques de glace. Jamais il n'est question de transhumance sous la chaleur des bords de mer ou de soleil frappant la tête comme un marteau-piqueur. Je retiens les couches fines et multiples de vêtements pour contrer ses véhémences, l'importance d'une nourriture grasse, du sifflet pour indiquer sa présence dans une tempête de neige et toutes choses qui relativise l'importance de l'homme sur la nature.

Il me faut m'habituer à l'air frais qui s'échappe de chacune de leur parole. L'écoute pour exorciser quelques peurs souterraines et me convaincre qu'il y a du plaisir à aller glaner dans cette région furieuse. Je m'adapte aux conditions nouvelles, joue au vieil habitué, fais oublier mon caractère de marcheur misanthrope. Une heure avec ces montagnards et me voici prêt à affronter tous les yétis des hautes cimes. La crainte n'est plus qu'une lointaine émotion et j'ai maintenant l'impatience du chercheur d'or devant une nouvelle faille.

Il n'y a pas que moi pour sourire. Les mines sont radieuses et satisfaites. A longuement échanger, nous avons fait des quatre individualités posées autour de la table un groupe fortifié et confiant. J'ai rassuré mes collègues autant qu'ils m'ont rassuré. Nous pouvons chausser nos bottes fourrées et partir. Encore attendre deux jours.

Un dernier point météo avant que nous nous quittions, confirme la tendance d'une nature indocile. La Laponie s'éclaire d'un ciel sans nuage et de froid insistant. Si ma promesse de m'engager dans l'aventure sera tenue, je crains que François ne puisse tenir la sienne. Le froid sec habituel donnant au voyage un caractère acceptable s'efface devant un souffle arctique inattendu. En d'autres termes, ça va taper fort. Nous prenons l'information avec l'assurance de ceux qui profitent de l'avenir quelle qu'en soit la couleur. Nous ne bronchons pas.

Ce soir, je comprends l'importance de nos échanges de l'après-midi, des consignes entendues, de la confiance emmagasinée. Nous avons un groupe qui s'offre un beau défi à relever et un sacré supplément d'âme.

Ivalo

Il s'agit de ma première rencontre avec la Laponie. Une masse noire, trouée du clair des lacs gelés. Par le hublot, l'obscurité m'interdit la vue sur l'immensité de la forêt. Je sais qu'elle est là, sous le ventre de l'appareil. Mais ce n'est pas elle que nous venons rencontrer. Notre marche s'en éloigne pour rejoindre une vaste étendue neigeuse. Elle sera présente, éparpillée sur des îles figées par le froid ou repoussée aux rives lointaines du lac Inari.

L'avion en provenance d'Helsinki se pose dans le jour faiblard. Le petit aéroport échappe au charme des infrastructures provinciales. Aucun lierre pour frotter le béton ou de couleur râpée par le temps. Ni le laisser-aller si précieux des lieux en marge. L'aéroport est une carcasse de fer et de verre posée sur l'humus d'une prairie. De larges baies vitrées s'ouvrant sur une vie extérieure que nous ne pouvons que deviner.

Comme un corps étranger voulu par l'esprit conditionné d'un architecte.

Nous y sommes. Peu de semaines après ma conversation téléphonique avec François. Quelques heures après que nos pulkas aient bousculé certaines habitudes de voyageurs dans le train et le métro. Sur le sol gelé de Finlande à attendre qu'un taxi accepte d'avaler l'imposant volume de bagages. Pendant que nous parlementons avec le propriétaire d'un fourgon, dans notre dos, brillent les lumières rouges d'un thermomètre annonçant -19 degrés. Il s'agit de ma première rencontre avec le froid qui restera notre obsession pendant tout le séjour. Il n'est pas si désagréable. Sec. Mordant ce qu'il faut les jambes pour faire connaissance avec de nouvelles chairs.

Après de difficiles tractations, les portes du véhicule se ferment sur quatre passagers noyés dans leurs bagages. Mais personne pour râler. La fatigue de la journée et la satisfaction d'être à nouveau en mouvement empêchent nos cerveaux d'y voir un quelconque désagrément.

La course est rapide et le taxi libère sa lourde cargaison devant le gîte que nous avons loué. Devant nous s'alignent des dizaines d'habitations parfaitement identiques dispersées dans un sous-bois. J'ignore pourquoi, mais ma première pensée est pour les fleurs de printemps russes, ces pauvres âmes alcoolisées qui jamais ne retrouvent leur domicile et qui s'assoupissent dans la neige avec l'inconscient espoir de se réveiller le lendemain. L'explication est peut-être là, dans la difficulté de distinguer un foyer semblable à tous. Construire de l'extravagant éviterait de cueillir dans le dégel du printemps le corps marécageux d'un père parti fêter la promotion d'un collègue.

La soirée se déroule dans l'ambiance électrique de ceux qui préparent un mauvais coup. Ici pas de culasse à graisser ou de détonateur à régler mais des skis à équiper de peau de phoque et de la répartition du matériel dans les pulkas. En plastique épais et d'un bleu banal, elles ne sont que de vulgaires utilitaires formés à chaud dans une presse. Mais qui a l'habitude de marcher sait l'importance prise par le sac-à-dos usé que des coutures maladroites tiennent en un seul morceau. On le cajole. On s'attache. On en prend soin comme d'un vieux chat. Les pulkas sont de gros sacs-à-dos qui vont transporter notre indispensable pendant les semaines à venir. Elles méritent une chaude attention.

Je reconnais facilement la mienne par son éclat sur le nez et sa plus grande usure. Un choix guidé par le seul goût pour la patine. Ma barcasse semble connaître toutes les glaces de la terre et avoir l'expérience du matelot endurci très utile dans le gros temps. Elle montre quelques déséquilibres qui seront compensés par l'organisation de la charge. Demain la comblera des dernières courses alimentaires.

La soirée s'éternise autour de la table à avaler une nourriture d'ampleur. Nous discutons du périple. Malgré la fatigue, nous repoussons le coucher pour dilater ce temps fameux précédant un départ. S'il fut raconté que le temps mis à grimper jusqu'aux appartements de sa belle, est l'apogée de l'acte d'amour, il en va de même du voyage mais seulement pour les premières marches. Le début du dîner se passe dans l'entrain. À le sentir encore éloigné, le voyage s'étoffe et s'embellit. Nous dégoisons, bombons le torse mais les mètres ultimes se chargent d'une nervosité rampante. Les visages deviennent des masques. Les mots se pressent, s'entrechoquent. Ils ne servent plus à rien. Le temps s'assombrit à mesure que l'échéance approche. Les heures deviennent bonnes à perdre. Il n'a plus rien à faire ici. Il faut foncer désormais.

Mais il y a encore cette trop longue nuit à passer.

Le lac Inari

La petite route se tortille dans la forêt. Des bouleaux et des sapins alourdis par l'hiver poussent notre taxi vers le nord. Malgré la neige et le froid, le véhicule roule à allure soutenue. Nous sommes loin de la France et des ravages provoqués sur la circulation par l'attaque de flocons faméliques. Le chauffeur néglige le tracé de la route, pris par les injonctions du portable accroché au tableau de bord. À chaque appel, l'écran s'embellit du sourire impatient d'une jeune femme blonde. Nous comprenons que le ski ne sera pas la source du prochain épuisement de notre chauffeur.

Nous ne croisons personne lors du trajet. Ni hommes, ni animaux. Tout est figé.

Des signes de fatigue attisés par une nuit effilochée appuient lourdement sur mes paupières. Je ferme les yeux comme si le taxi me menait jusqu'au sud patagon. J'en oublie que passés les derniers virages, il nous faudra abandonner la chaleur du véhicule. Puis, au bout du chemin, une masse blanche, grandissante, repousse la forêt vers la ligne d'horizon. Une dernière descente cahoteuse échoue sur les rives du lac Inari. Tout s'accélère. Les portières s'ouvrent. Nous récupérons nos attirails. Quatre pulkas, quatre sacs à dos, quatre paires de ski et bâtons, attendent maintenant alignés. Et déjà le sourire de la jolie blonde s'éloigne.

Je n'ai jamais connu une telle bascule dans l'inédit. La marche habitue aux changements tranquilles. À une sorte de montée en température. Même la pluie prévient son arrivée par son parfum d'ozone, ses nuages grossissants. Nous sommes ici déchargés comme dans une benne. Il est vraiment temps de couper avec l'ancien monde. Un mois de préparation à courir après mon équipement. De mon salon aux terres gelées du lac Inari en un claquement de doigts. Et il est face à moi plus grand qu'imaginé.

Je ne peux lui opposer que ma corpulence moyenne et l'envie de plonger dans sa magnifique blancheur. Mais au-delà, il y a la profondeur brumeuse d'une journée déjà déclinante et c'est cette inconnue qu'il faut aller chercher.

Chacun ajuste son matériel, tire sur une sangle, s'assure de l'indispensable à portée de mains. Une dernière tape dans le dos et nous nous lançons. Enfin !

Christophe glisse le premier sur le blanc asphalte tassé du poids des motoneiges. Pour nous guider, sur les côtés de cette bande étroite qui sera notre route de la soie pour les prochaines semaines, de maigres branches de bouleaux plantées dans la glace. Je prends la trace de Christophe, suivi de François et Marc. Une procession s'ébranle. Nous sommes des pénitents tirant leur peine dans d'étranges chariots.

Les équipages craquent comme de vénérables navires. Les pulkas se cambrent à chaque impulsion. Les bâtons cognent la glace. Les skis écrasent la neige. L'attelage est un chaos. Nous nous rôdons, apprivoisons nos pulkas. Je m'arrête pour resserrer mon harnais trop libre. Christophe joue avec la fermeture de ses chaussures. Fixer les derniers détails et le pas désarticulé se change en une glisse régulière. La sangle attachée à la proue de la pulka ne relâche plus la tension. Le rythme impulsé devient un chant mélodieux. Le regard s'échappe au-delà des limites des skis. Il y a un environnement plus grand à apprivoiser.

Éloigné de mes habituelles montagnes où les lignes de crête vous révèlent le faste du monde, je suis vite subjugué par le charme singulier du lieu. La beauté est ici une affaire de contours et d'esquisses, de délicatesse sous une lumière peureuse. Le jour à peine commencé, déjà s'éteint. Combien d'heures le soleil nous fait-il grâce de sa faible présence ? Peut-être cinq heures ? À vérifier.

Habitué aux sacs pesant sur les épaules, aux marches sans bâtons, je ne ressens aucune difficulté à progresser sur la glace. Je m'essaie à plusieurs techniques, le pas du marcheur, la glisse du fondeur. Des gestes aperçus lors de prestigieuses compétitions. Indésireux de révolutionner le monde du ski nordique, j'accorde à mes jambes et mes bras d'aller à leur gré. Seul mon souffle refuse tout vagabondage. C'est de sa maîtrise que dépend l'avancée de mon rafiot.

Je me fais à cette forme de déplacement qui ne m'est pas habituelle. A l'étreinte discrète du harnais. Il y a quelque chose de très sensuel dans l'exercice, comme une caresse portée sur des hanches pleines.

Devant moi, Christophe avance d'un train sans heurt et à l'arrière, l'ombre penchée de François donnant plus de force à la traction. François a la charge d'une pulka alourdie du poids du poêle à bois. Je suis de ceux ayant voté pour la présence de ce bloc de tôle. Nous étions deux, François et moi, à vouloir de l'étrange compagnon, opposés à la frange dure de l'aventure, Marc et

Christophe. J'ignore encore si ce fut le bon choix. L'épaisseur de nos sacs de couchage nous promet d'affronter tous les hivers. Nous verrons bien qui l'emportera. Mais pour l'heure, François peine à trouver le rythme.

Plus à l'arrière, Marc et son allure nobiliaire ! Érigé dans une parfaite verticale, les bras légèrement écartés, il tient ses bâtons de ski comme un monarque dresserait son sceptre. Le regard amusé balayant dans sa largeur les lointaines limites de son royaume. Si sa tête n'arborait pas un admirable bonnet venu par la grâce d'un cadeau des hauts plateaux péruviens, je jurerais qu'il est un souverain en croisade.

Nous formons une colonne étrange et insistante creusant l'hiver finlandais.

Le complot

Notre port d'attache s'éloigne, les rives s'élargissent. La piste danse entre les premières îles semblables à d'épaisses meringues tombées d'un plat. Nous avançons dans un temps d'éclipse.

Nous glissons depuis peu et déjà, il nous faut dénicher le premier refuge. Notre parcours sera une recherche permanente de ces baraquements ensevelis sous la neige et les arbres. Précieuses oasis des coureurs de bois. Et c'est ici que le jeu satellitaire trouve son intérêt. L'écran lumineux du GPS nous renseigne de la localisation précise des quelques planches en bois qui feront nos murs pour une nuit.

Le bâtiment est vide. Juché sur une hauteur. Nous escaladons le mur de neige amassé au pied de l'île que le vent ramène à chaque énervement. Nous garons nos pulkas comme nous attacherions des chevaux et pénétrons. À espérer le sobre refuge du trappeur, je peux me satisfaire du moindre abri capable d'accueillir nos endormissements. Je ne suis pas déçu. Notre palace offre des dimensions de cabanon de jardin et le parfum poisseux d'arrière-cuisine. Quatre bancs autour d'une table. Une plaque de cuisson jaunie de vieilles huiles et un espace parsemé des restes de bougies. Un lieu visité par les mouches s'il ne faisait pas si froid. Il prête à l'essentiel. Manger et dormir. Trouver la bouteille de gaz dont chaque cabane est équipée, dompter le vent qui s'engouffre sous une porte battue par les hivers. Nettoyer le passage des derniers hôtes indélicats. Faire bouillir dans la gamelle le blanc immaculé d'une brassée de neige. Cuire les lentilles avec le hareng trop salé acheté au supermarché d'Ivalo.

Nos sacs glissent sous les tables. Une vie s'organise dans une lumière flemmarde propice aux complots.

J'observe les gestes des membres de l'expédition. Nous faisons à l'évidence partie de ceux qui connaissent la solennité des repas familiaux. Et dans l'a peu près d'une cabane disjointe, s'organise le dîner comme si nous attendions des invités. Les bougies les plus valeureuses sont réunies au centre de la table éclairant l'alignement des assiettes et des couverts. La petite cabane s'embourgeoise sous nos efforts répétés. Les fortes ventrées ont meilleure allure sur une nappe fraîchement repassée, mais sans accessoire, nous nous suffisons d'un bois usé nettoyé de sa crasse.

À ainsi s'activer, nous atteignons le point de dégel. La chaleur de notre festin libère une fine ondée des failles glacées du plafond. Mais rien ne peut entamer notre humeur d'explorateur. Nous avons le ventre garni d'une chaleur bienfaitrice et les pensées aventureuses. Une gorgée de gnôle alourdit nos voix et donne à nos discussions exaltées le volume détestable de mauvais voisins. Nous jouons aux cartes comme nous le ferions dans un tripot. Sans aucun argent avancé sur la table, mais avec le plaisir simple de goûter ensemble à un extraordinaire voyage.

Et vient le temps du coucher. Le refuge offre des dimensions suffisantes pour étendre nos carcasses et pour sommiers, les mêmes bancs qui nous servirent de chaises.

Notre première soirée sur le lac Inari ressemble à s'y méprendre aux jeux enfantins passés dans une cabane accrochée aux arbres.

Mais déjà, la glace reprend sa place.

Le vrai départ

Il suffit de 9 kilomètres parcourus. Une misère pour mes jambes qui se plaisent dans l'effort. 9 petits kilomètres pour placer la troupe sur une orbite éloignée de ses habitudes. Je regarde par la fenêtre et vois un paysage inconnu, modelé par la patience d'un artiste.

Ce matin, j'éprouve un étrange sentiment. Mes chemins habituels s'égarent sur des sentiers où l'imagination est une indispensable compagne. Combien faut-il d'excès d'optimisme pour embellir la bâche puante cachant l'ensilage ou admirer le squelette décharné d'un pylône électrique ? Voir dans le plus corniaud des chiens la grâce d'une race singulière. Mais pour aboutir au prodige, il y a l'idée insistante que la beauté ne vaut qu'après une bonne dose de suée.

Mes voyages sont une ode à l'imperfection. Au pneu abandonné dans le fossé que colonise la vipère. À la solitude espérée. Ici, la beauté est livrée brute avec les ingrédients qui sont l'objectif de tous les arpenteurs de la terre. Un territoire profond où les routes sont invisibles, où le silence abonde, où les vivants sont rares et où la liberté s'envisage. Que vais-je faire de cette profusion ? Le risque est grand d'une banalisation du merveilleux. Retomber dans mes insatisfactions et attendre les promesses à venir. Me refermer dans mes propres paysages et ne pas goûter à l'immédiateté. Je dois rester éveillé. Voilà ce que je dois faire. Rester éveillé à respirer la rareté de l'instant sans me laisser happer par la mystique d'un ailleurs plus valeureux. Le voyage a commencé. Il est sous mes pieds. Glacé. Je sens un froid particulier, un extérieur rugueux, des pulkas impatientes et trois collègues de virée rompant mon lien solitaire avec la nature. Avec un tel attirail, l'affaire ne doit pas être si compliquée.

Nous dédaignons la carte qui livre un tracé du jour tirant droit vers le nord. Il suffit de s'engager sur la piste bien visible en ce début de parcours et d'avancer. L'étape de la veille s'est déroulée dans l'urgence d'un départ tardif. Il s'agissait d'éprouver les hommes, le matériel et d'établir un premier lien avec l'hiver boréal. Un brouillon de voyage. Ce matin est le vrai départ. Nous oublions l'obscurité pour une lumière invitante et nos yeux percent loin l'horizon. Nous pénétrons un cristal inconnu de nos ciels urbanisés. Mais seules de courtes heures nous offrent une telle profondeur. Le jour est ici frénétique. Le soleil se débat à l'horizon ne sachant pas où aller. Il se noie dans un rouge brûlant et se suffit d'un rayon solitaire en direction du ciel.

Nous reformons notre colonne, heureux de quitter la cabane au confort de poulailler. François prend la tête de la procession et je me jette à sa poursuite. Sans me retourner, je sais Christophe sur mes talons et l'âme protectrice de Marc finissant le cortège. La piste n'est plus la neige cabossée par les engins motorisés, mais deux fines rayures sur un vernis blanc. Nos skis filent sans effort. Il n'y a pas de vent, pas d'intempérie neigeuse. Le temps est lumineux et la piètre cabane nous a apporté ce qu'elle pouvait en repos.

L'étape du jour s'allonge sur 18 kilomètres, le temps de rejoindre le prochain havre.

La piste s'engage auprès d'îles qui sont encore nombreuses au sud du lac Inari. Nous conservons notre humeur de terriens à détailler chaque parcelle comme si nous voulions porter une enchère. Pour ma part, je cherche dans les sous-bois l'ombre d'un animal, la présence forte d'un bûcheron ou toute chose bonne à me surprendre. Mais je n'aperçois que des bouleaux fréquentés par les intempéries.

Elles se ressemblent ces petites îles immobiles. Capturées par l'hiver, elles perdent en insularité, ce qu'elles gagnent en solitude. L'été les rend imprenables par la présence de courants turbulents et de rives âpres. L'hiver les éloigne des préoccupations des hommes. Elles sont des phares aperçus et inaccessibles.

Nous avançons de manière à éviter l'excès de suée qui transformerait nos corps en poulets congelés. Il nous faut faire allégeance à l'hiver et avancer à pas mesurés. Ma veste s'échancre pour évacuer les premières tentatives d'inondation qu'ailleurs, une pause aurait sans difficulté évacuées. Je ralentis mes gestes. Il s'agit pour moi d'une véritable épreuve. La lenteur. S'économiser. Ralentir. Un vocabulaire inconnu à mes oreilles. Mais je suis pris dans les spatules de mes amis et c'est bien ainsi. Après tout, ne voyageons-nous pas pour que les choses changent ?

Peut-être deux heures de marche et nous décidons de nous arrêter bien qu'aucune lassitude ne nous freine. Il s'agit de notre première halte hors des murs et d'expérimenter une nouvelle forme de bivouac. Le froid tolère le mouvement mais exècre l'inertie. À peine réunis dans le désordre de nos pulkas que déjà Christophe entame une tournée avec un Thermos fumant comme de l'azote liquide. Ce compagnon agréable a l'énergie des hommes qui privilégient le bien-être des autres au leur. Le thé n'a pas le goût de gnôle qui chargea nos haleines du dernier dîner, mais j'apprécie ce liquide brûlant d'ordinaire si fade.

Le temps de pause est ce que la marche offre de meilleur aux marcheurs. Il permet de s'allonger parmi les pâquerettes et d'offrir à son corps le repos dans une envolée bruyante de sauterelles. Mais nous sommes plantés comme quatre piquets dans le dur d'un sol glacé, et les pâquerettes sont rares. Gratter ailleurs. Dans la chaleur magnifique s'invitant dans le corps. Dans la saveur incomparable d'une poignée de graines et de fruits. Le bivouac insolite imprime déjà nos mémoires et dans lesquelles nous piocherons pour embellir des journées moins fameuses.

Nous profitons de l'instant comme si l'adversité eut sous peu raison de nous. Je regarde autour de moi le blanc amadoué, le ciel imposant. Des amis aux convictions nomades et un spectacle permanent. A peine entamé que déjà le voyage dans l'hiver lapon se présente comme une réussite.

Le coup de canon

L'étape de la veille fut trop brève pour que j'identifie l'étrangeté. Le paysage est magnifique, la lumière fluide comme une eau montagneuse. Le froid bien sûr. Mais il y a cette chose indéfinissable flottant dans l'air. Elle m'échappe cette chose.

Nous abandonnons notre valeureux bivouac et le mouvement reprend. Une distance plus importante s'installe entre chaque équipage et c'est dans cet isolement que je comprends la source de mon tracas. Le silence, lourd comme après une bataille. L'ordinaire du marcheur s'accompagne de la colère du geai à l'entrée d'une futaie ou du cri d'un choucas à l'approche de falaises. Ici, rien. Je n'entends que le chant des skis sur la neige. La pointe des bâtons piquant le sol. Juste un chuchotement. Une conversation après un lever. L'épaisseur de la neige avale les rumeurs.

Il y a cette agréable sensation de progresser dans un nid inondé de duvet. Que chacun de nos gestes est couvert d'une infinie couche protectrice. Luxe incroyable que ce silence. Difficile à cerner, impossible à évaluer. Il se donne aux sans-le-sou ayant la folie de se jeter dans ces lieux à l'écart. Débarrassés des embêtements sonores, le corps ressent avec plus de force l'environnement. Malgré la laine, malgré les tissus synthétiques. Dans un vide apparent, le silence offre une présence et des sens à l'affût. Un lien solide rapprochant toutes choses.

Nos attelages sont de petites fourmis noires gesticulant en bout de piste. Nous marchons éloignés les uns des autres. Nos pas divergent à moins que chacun éprouve le besoin de vivre son propre voyage lapon. Nous ne communiquons que par des signes enjoués semblables à l'agitation des chiens jaunes sur le pont des porte-avions. L'envie de partager avec mes compagnons devient pressante. Le plaisir amassé dans la journée bout comme une cocotte-minute. Il ne demande qu'à fuiter.

Les minutes suivant le temps de sourdine m'apparaissent de meilleures qualités. Elles sont le fruit de ce temps long pris par le cerveau pour servir une pensée de belle valeur. Organisée avec minutie dans la patience des retrouvailles. L'heure est venue de créer une brèche dans cette immensité. Un simple échange pour donner un verbe à nos émotions. Est-ce que François ressent lui aussi la nécessité de parler ? Il attend maintenant dans la courbure de la piste. Il observe une île semblable à toutes les îles encore nombreuses. À son approche, j'ignore encore quel sujet piocher dans l'abondance de matière qui m'est offerte. Assurément le remercier d'être celui à qui je dois ma présence en ce lieu, que je suis fait pour de tels territoires ou peut-être lui offrir un simple sourire.

Mais il y a ce coup de feu soudain. Lourd comme une charge de dynamite. Une secousse inattendue ride l'étendue blanche d'une fine cicatrice. Une brisure large de quelques centimètres file à nos pieds. Je prends conscience de l'invisible, du volume fameux des eaux emprisonnées sous la glace. Le lac Inari est l'un des plus profonds de Finlande et nous ne marchons que sur une infime épaisseur glacée. Le froid nous offre ce prodige.

Ce bruit annonce un monde mystérieux soustrait à nos yeux. Je n'avais pas encore pris la mesure que le voyage s'apprécie dans toutes ses dimensions. La Laponie possède ses montagnes, ses lacs et ses profondeurs. Nous déambulons dans un paysage sous calmant pendant que dans les abysses s'affrontent des forces contraires hurlant jusqu'à la rupture. Les lois de la physique jouent à plein leur rôle d'enquiquineuses. Mais le désordre des courants n'est-il pas provoqué par la vitalité de monstres marins forçant sur les digues ? Nous ne saurons jamais. Seuls quelques poissons ennuyeux acceptent de sortir de l'abîme pour s'accrocher aux hameçons perçant le givre.

L'épaisseur de glace recouvrant le lac est assez solide pour ne pas craindre le naufrage. Janvier n'offre aucun redoux et la débâcle printanière libérant les eaux du Saint-Laurent peut attendre. Cet épisode insolite n'est pas en mesure de nous offrir notre première peur.

Nous regardons l'immense poudreuse et constatons la présence d'une unique fissure. Glissant sa route au plus proche de nos semelles. Prête à nous toucher. À croire que la solitude hivernale pèse au grand lac et qu'il ne néglige aucune distraction. Rompre le silence à l'approche de nouveaux venus en est à l'évidence une.

Le jour pâlit et le chemin est encore long pour rejoindre la cabane. Nous repartons, encore étonnés de cet événement.

Peut-être Kirkenes

Et si nous poussions jusqu'à Kirkenes ? Elle n'est pas si loin après tout, cette ville ! Le dernier bras du lac semble nous montrer sa direction nord-est. Une forêt à traverser et face à nous, Kirkenes et la mer de Barentz !

Il s'agissait de notre rencontre préparatoire. Pendant qu'il empaquetait les stocks de graines qui feront nos futurs repas, François émit l'hypothèse d'un voyage placé sous le charme de l'incertitude. J'ignore si sa proposition eut pour dessein de contenter mon âme désordonnée mais elle fit mouche. Le tracé des premières étapes de notre périple a l'implacable précision d'un ingénieur-géographe. Épais et assuré. Mais à mesure qu'il emprunte les méandres du nord, il hésite, s'effiloche comme une corde usée. Et c'est dans les anfractuosités que je trouve mon meilleur compte. Mes collègues doutaient donc de la destination. L'affaire m'intéressait au plus haut point.

Mon ami, Guillaume JAN, auteur du livre "Alias le Jean", retrace l'acharnement breton, d'un peut-être ancêtre à arpenter les terres balkaniques pour donner au pays la dimension qu'il méritait. À l'aide de son compas et d'appareils jaunis de laiton, il mesura la future Yougoslavie de vallées à pic. J'admire ces infatigables laboureurs mais je souhaiterais détricoter leur travail pour laisser aux cartes le repos des territoires vierges. Je pense encore plus aimer les cartes que le voyage. Les étudier à la veillée. Les admirer. Elles confèrent à nos propres débordements et nous offrent ce que nous voulons y voir. Mais je les admire légères invitant nos cerveaux le soin d'en gommer la trop grande précision. Une vallée devient un refuge, une rivière, un bain à ébats. À chacun l'intimité de sa carte.

Au conditionnel, François rajouta une destination. Et pas n'importe laquelle. De celle qui s'ébroue dans les fantasmes.

Kirkenes parmi Valparaiso, Zanzibar, Pondichéry. Une de ces pointes enchanteresses plantées dans le globe. Attirante par je ne sais quel prodige. Peut-être le trouble d'une musique. Une histoire de voyageur. La lumière brûlante d'un phare.

Kirkenes en terre lapone, affrontant les eaux froides de la mer de Barentz. Où l'hostilité des éléments révèle la grandeur des hommes. Nous oublierons l'emprise norvégienne et l'influence russe. Elle est avant tout un royaume Sami. Peuple d'éleveurs de rennes, ici tourné vers la mer. La capitale d'un monde fantastique. La marche devient alors une expédition avec la tentation du mystique. Là-bas, au-delà de la colline, il existe un lieu que l'on devine extraordinaire. Pour l'atteindre, traverser une forêt difficile, combattre les lynx, ours bruns, carcajous. Peut-être quelques esprits enquiquineurs.

Mais, il faut vite en rabattre. Reconnaître que frotté à la réalité, le rêve fait souvent grise mine. Les lynx, ours bruns, carcajous fuient aux premières odeurs de sueur et de parfums éventés. Le froid épais entend raison des esprits enquiquineurs. Et que Kirkenes relève de la grande illusion. La distance, l'absence probable de piste, un dénivelé hostile aux pulkas.

Au final, ne sacrifions pas les romantiques baraquements de pêcheurs, les eaux poissonneuses et l'impossible léviathan pour les entêtements modernes et leurs forages pétroliers.

Laissons à Kirkenes la beauté de l'imaginaire et rêvons la comme elle n'est pas. Il y a à voir sur le lac Inari.

La belle équipée

La nouvelle cabane n'a rien du taudis bancal de la veille. Une première pièce pour abandonner les skis, les bâtons, les chaussures. Et une seconde bardée de bois clair au charme de résidence de haute volée. La table du même bois brille d'avoir été frottée par une main énergique. Sel, poivre, riz, pâtes et tous les restes d'une soirée fêtant la dernière pêche d'automne ou l'ultime arbre abattu. Et il y a des lits. De vrais lits avec des matelas dont la couleur grise nous renseigne sur leur ancienneté.

Je m'habitue aux rituels. La flamme du poêle à bois éclaire déjà la pièce. Un seau rempli de neige est posé sur la fonte. D'autres succéderont pour remplir les casseroles et nous assurer une toilette rapide. Les pulkas se vident de l'indispensable pendant que la réserve de nourriture restera sous l'emprise glaciale de la nuit. Je me charge d'alimenter le feu. Je devine le stock de bois patienter sous le toit collé à l'arrière de la cabane. Pour y accéder, il est nécessaire de tailler dans l'épaisseur de neige dépassant une hauteur d'homme.

Des pelletées généreuses ouvrent sur une montagne de bûches. Elles sont coupées à longueur l'été par des bras vaillants qui connaissent les besoins hivernaux des rares visiteurs. Il ne reste qu'à les fendre. Rien ne manque. La souche pour billot, des haches de tailles différentes selon ses dispositions. Et c'est avec un plaisir non dissimulé que je me lance dans la besogne. Christophe, toujours très actif se joint à moi. Le bois de bouleau ne connaît pas la rudesse du chêne ou le veinage tourmenté du châtaigner. Les bûches cèdent sans rechigner. Nous fendons plus qu'il ne faut fendre, mais par ce simple travail, nous tenons à remercier d'inconnus propriétaires de laisser leur porte ouverte. Ou peut-être le désir fort de reproduire les gestes du trappeur. Fichues traces de l'enfance !

Assurés de tenir le feu pour les prochaines décennies nous retournons à la cabane. Et dans la clarté d'un foyer improvisé où tous ses membres sont réunis, je fais l'implacable constat que nous formons une sacrée belle équipée. Chacun avec sa part de charge et de plaisir. Chacun perméable à l'autre. Comme une évidence. François s'impose au fourneau. Le couteau de dépeceur à la ceinture et les rêves plein la tête, il n'y a pas lieu de l'en déloger. Marc est installé à la table et explore la carte à la recherche du prochain échouage. Il est notre barreur sur l'océan. Il est notre station météo. Christophe est la matière stabilisant le groupe. Il est là où est le manque. Et moi, je gravite.

Dans la vapeur d'une cuisson de lentilles et les blagues de régiment, Marc nous annonce que demain nous donnera l'occasion de déplier les ailes de la toile de tente. Après avoir confronté l'épreuve du terrain aux données collectées dans le calme charentais, ses recherches échouèrent à dénicher une cabane pour la prochaine étape. L'annonce eut été accueillie dans l'euphorie de quatre gosses pressés de rallier le camp des indiens, mais il y a cette lumière forçant les vitres de la fenêtre. Plus intense que les derniers jours. Nous sentons un frémissement.

Le ciel s'épaissit d'étoiles. Et la faible nuit se disloque. Il n'y a pas d'obscurité dans l'hiver lapon. Au plus un voile opaque ramenant la vision à une distance sommaire. La clarté de ce soir vaut les meilleurs clair de lune et la promesse d'une chute du Mercure. La température n'était plus un sujet, mais je crains qu'il ne revienne à grandes enjambées.

L'île de Papirissaeri

Un ciel bleu, un vent absent, des chutes de neige occupées sous d'autres latitudes et des températures de -10 degrés, le début de notre parcours ressemble à une agréable chevauchée.

Le lever du troisième jour nous offre un monde nouveau. Nous nous sommes relayés dans la nuit pour maintenir la vivacité de la flamme au cœur du poêle. Mais ce matin, le froid s'est invité dans la cabane. Tout brille, tout luit. Les sacs de couchage chantent comme du papier que l'on froisse. Une dernière flambée pour emmagasiner de la chaleur avant de plonger dans un territoire à la hargne croissante.

Le sentiment d'avoir dompté le monstre s'évanouit. Nous ne sommes que des carcasses occidentalisées à tenter l'inconcevable. Dormir quelque part entre glace et congères. L'inconnue parfaite pour ma part, des températures jamais rencontrées pour les autres. Mais aucune fébrilité ne suinte, du groupe se dégage une incroyable force. Nos capacités ne se bornent pas à cuire de la viande de hareng ou à tournoyer dans la poudreuse. Nous sommes ici parce que nous avons chacun un objectif suffisamment important pour que l'adversité ne nous fasse pas reculer. Le voyage produit ce qu'il y a de mieux pour sonder la profondeur de l'âme. La solitude entraîne une indolence qui fera volontiers naviguer le voyageur dans ce qu'il maîtrise. S'il poursuit certains entêtements, peut-être entreverra-t-il le recul de ses limites. Quant au groupe, il agit avec autorité et repousse à des frontières insoupçonnées. À nous de les découvrir.

Rien n'est si différent. Il y a bien cette morsure insistante à la sortie de la cabane. Peut-être l'étonnante sensation d'un air que l'effort raréfie. De grandes respirations ne suffisent pas à remplir nos poumons. La gorge, le nez semblent ne plus convenir à l'épreuve. Nous sommes des carburateurs aux gicleurs que le froid dérègle. Une nouvelle adaptation est nécessaire. Ce que Darwin prouva à la communauté scientifique nous le vivons sur un temps réduit à quelques jours. Il faut nous habituer à la sueur s'échappant de nos cols que le froid saisit. A nos sourcils, barbes, couverts de glace. De nouveau ajuster la respiration et la fréquence des pas. Aux grandes lampées privilégier de maigres rasades et laisser aux skis le devoir de nous transporter.

La difficulté s'estompe à mesure que nous avançons. La température est descendue à -20 degrés et tout se met en place. Les capuches de nos vestes couvrent désormais les bonnets, les vêtements se ferment. Pour l'heure, rien ne nous affecte et nous continuons de profiter du lieu surréaliste qui ressemble de plus en plus à un magasin de porcelaine à l'arrière duquel une porte de congélateur serait restée béante. Nous sommes seuls à produire du mouvement. Un ciel vide de toute présence. Des arbres prêts à être livrés dans leur glace d'emballage.

Je commence à comprendre l'attachement profond des aventuriers pour ce paysage. On y met un pied par curiosité ou par défi et on finit par se diluer dans cette nouvelle réalité où le mot liberté semble trouver tout son sens. Dans ce spectacle sans cesse renouvelé, l'esprit de conquête pousse, dessine ses propres courbes sur la terre gelée. On délaisse le chemin où la trace est faite, où tout est plus facile. Il y a des échappées sur les bas-côtés, ses propres traces que l'on espère secrètement voir résister à toutes les chaleurs. La marche extrapole, ambitionne de nouvelles routes. L'esprit bouillonne. Vois grand. Le retour s'anticipe dans l'euphorie boréale. On ne peut en rester là. On se constitue patiemment de nouveaux espoirs. Des rendez-vous se prennent.

Dans cette immensité, la vie intérieure s'enrichit à une vitesse insoupçonnée.

À réfléchir sur nos nouvelles conditions de marche nous en oublions le temps qui défile. Une lumière vive témoigne de l'effort désespéré du soleil de monter à son zénith. L'hiver le tient à un pieu. Nous décidons de profiter des conditions de belle clarté pour monter la toile de tente. Il nous faut fuir la glace rétive. Trouver une île, de la terre, matière à réchauffer. Utiliser la neige comme isolant et nous armer du courage des bâtisseurs.

Il est là le bout de terre ciblé sur la carte. À parfaite distance entre notre point de départ et la cabane du lendemain. Nous quittons la piste et entamons un long travail de terrassier pour débarquer sur l'île. L'île de Papirissaeri. Rien ne la distingue de ses sœurs jumelles, mais c'est elle que nous avons choisie. Elle est désormais la plus belle.

Le palace

Le début de notre voyage est une rencontre avec le froid. Il accapare nos pensées. Nous cherchons la meilleure façon de l'amadouer, le contrer. Il n'est pas un ami, mais peine à devenir un ennemi. Que serait cette région sans sa présence ? Un aimable lieu de villégiature pour Helsinkien en mal de nature. Les océans protègent les îles, les dénivelés impossibles couvent les eaux perdues d'un ruisseau. La Laponie possède le froid. La Laponie est belle par ce qu'elle génère des traversées incertaines, des demi-tours piteux. On ne s'hasarde pas sur ses terres pour de prétentieux exploits. Il y a autre chose.

Nous sommes quatre aux caractères dissemblables, mais réunis dans une énergie commune. Chacun avec sa dose d'intime. François, notre extra-terrestre, voit Kirkenes au bout du chemin. La fin d'un monde et le commencement d'un nouveau. Kirkenes, dernière terre avant l'espoir de banquise. Une autre vie. Marc a l'ambition d'être vivant. Respirer l'air du monde où qu'il soit et toutes les expéditions sont bonnes pour goûter à des parfums différents. Christophe ne se dévoile guère, mais je le devine amplifier sa vie par la rencontre. À chaque croisée de chemins, il espère l'autre. Et le visage sami serait une pièce fameuse à son tableau de chasse.

Me suis-je interrogé sur mes propres motivations ? Pourquoi ai-je sans combattre accepté de me joindre à ces fous furieux ? Dans le départ, il y a parfois l'espoir de glisser les peines sous le tapis. Et question peine, la mort me gâta allègrement avec un nombre peu concevable de chers disparus. Même si un temps de galère peut justifier une envolée en terre de Laponie, il n'y a pas lieu de chercher dans la douleur ma décision de partir. La cause est plus simple et magnifique. Le merveilleux ne se refuse pas. Tout simplement.

Nous piétinons comme une dameuse, mais la neige est indocile. Les skis toujours calés à nos chaussures pour augmenter la portée, la mission est d'obtenir une base plane et solide. Plusieurs passages dessinent une belle marguerite sur le sol, mais il n'y a rien à faire, la neige demeure légère et file entre nos doigts comme de la fécule de pomme de terre. Ce pays attire la nuit comme un aimant et il est nécessaire de trouver dans l'urgence une solution efficace. L'issue est dans le fer du béton armé. Nous noyons dans la neige instable des pousses de bouleau coupées à de jeunes arbres. L'ensemble se stabilise. La matière est abondante et la toile se pose sur un sol ressemblant à un nid de ptérodactyles. Les piquets s'enfoncent, les cordes se tendent. L'édifice incongru s'élève et notre travail offre à l'île son Everest. Il est plus difficile d'installer le poêle à bois et son évacuation glissant entre les deux toiles.

Le camp prend forme mais nos efforts patinent. C'est une toile lourde que nous traînons avec nous, conçue pour rester immobile une saison de chasse. Elle est un tipi de chef sioux migrant au printemps aux culs des bisons. Inadaptée à notre transhumance. Je comprends l'aventurier alourdi d'une tente légère et disparaissant dans son duvet en deux minutes. L'ouvrage nous rend vulnérables au froid. Nous gigotons sans nous déplacer. Insuffisant pour rendre nos forteresses imprenables. À l'arrêt, les défenses s'écroulent.

Nous observons Christophe opérer les derniers ajustements. Placer une neige protectrice sur Ie bas de la toile, égaliser la pression des cordes accrochées à la cime de notre igloo. Je n'y prends pas garde, mais je suis immobile devant le spectacle. Pour quelques respirations. À peine. Je profite de ce plaisir interdit sous ces latitudes. Un simple relâchement. Et il y a soudain cette sensation. Pas grand chose, de simples picotements dans les doigts. Les mains plongées dans un bouquet d'orties, voilà à ce que ça me fait penser. Peut-être des aiguilles fourrées dans mes poches. Je vais regarder à l'occasion. Le froid me joue décidément des tours. Je n'y prête guère d'attention, l'intérêt est dans la porte s'ouvrant sur notre nouveau palace.

Les bûches traînées dans les pulkas s'embrasent dans le petit poêle et une première fumée nous parfume de l'odeur du furet dans un sac. Les yeux piquent, les gorges s'engouent d'une toux de vieux fumeurs mais la flamme s'équilibre, haute et dansante et produit ce que nous lui demandons. Une pincée de chaleur pour aider à passer la nuit. Aujourd'hui, nous ne mourrons ni de froid, ni d'excès de monoxyde de carbone. C'est déjà une victoire.

Il nous reste une intimité à partager où chacun veut prendre la meilleure part. Les gestes se croisent, parfois se heurtent mais nous finissons par étendre nos jambes avec une pensée pour le malheureux qui va batailler avec les pieds agités de son voisin de chambrée. L'essentiel a trouvé sa place et nous prenons nos marques comme les astronautes le font dans l'exiguïté de leur capsule. Au centre, trône le poêle où sa tôle rougit de colère et notre humeur hésite entre plaisir et crainte. Il nous apporte une chaleur extravagante dans ce coin du monde mais nous menace du pire à chaque mauvaise embardée ou crise somnambulique.

Mais pour l'heure, nous sommes unanimes : Profitons et évitons que l'instant ne soit terni par une catastrophe. Dans la journée déclinante, nous expérimentons une nouvelle forme d'aventure consistant à nous baigner dans les vapeurs d'une chaleur poisseuse pendant que de l'autre côté de la toile s'installe la nuit la plus froide depuis notre arrivée.

La perte

Le lever est difficile, très éloigné de nos humeurs éclatantes de la veille. Nous étions des ivrognes refaisant le monde accoudés à une table tachée de vin, conscients de la magie à créer une vie dans une région si peu compréhensive. Dans le vide hivernal, scintillait cette petite lumière sous le regard étonné des étoiles. Il faut s'imaginer une petite bulle chaleureuse coincée dans l'immensité engourdie, bercée par des rires confiants s'accommodant du danger. Mais ce soir-là, nous étions chez nous. Ce chez-soi créé dans l'effort et personne pour venir nous en déloger.

La soupe fut accueillie comme l'aurait été un potage royal, la viande en boîte frôla le raffinement. Un jeu de cartes, qui est pourtant la hantise de mes soirées charentaises, apparut. Les tours s'enchaînèrent, les rires gonflèrent et la mauvaise foi des premiers perdants. Ma qualité de novice au jeu de tarot m'épargna toute susceptibilité. Et les discussions se terminèrent sur ce que nous connaissions le mieux. Le voyage et ses indispensables turbulences. À chacun ses expériences et à chacun son territoire de chasse. Le voyage se vit aussi bien qu'il se raconte. Ce soir-là, mes amis m'accompagnèrent dans mes marches interminables. J'étais aux côtés de Marc dans ses ascensions, calé dans le canoë de François et Christophe sur des eaux évidemment lapones. Sous la mince toile, naissaient des envies d'ailleurs.

Marc, que le hasard plaça à l'entrée de la toile lutta la soirée contre l'allant du poêle et l'air glacial que la fermeture éclair ne freinait pas. Mais l'homme n'était pas du genre à laisser les éléments ralentir sa course. Et avant d'envisager d'autres éparpillements, nous voulions comme lui remonter vers le nord. La boussole calée vers cette seule direction. Le nord avait désormais un nom, Kirkenes. Cette ville encore inconnue que les mots de François nous rendaient désirable.

-26 degrés sous le soleil, -22 à l'intérieur. Quatre bonshommes en parfaite santé pas foutus de produire plus d'un degré chacun. Ce matin, nous subissons l'inconfort de l'aventurier. Nous allumons le feu pour ranimer notre entrain, mais tout grince. La glace installée comme une reine dans notre logis s'évapore dans un brouillard. Nos visages témoignent de la rudesse de la nuit et de surcroît, il faut ouvrir cette satanée toile pour les besoins que le froid n'empêche pas.

Nous buvons un thé brûlant pour réchauffer nos ventres et avalons un gruau qui nous apporte la force du bûcheron. La flamme diffuse sa dernière chaleur. Il ne restera bientôt plus rien de ce qui fut notre nid. Il faut se hâter, mais le poêle tarde à refroidir. Il doit être une tôle inerte pour que nous puissions sans risque plier la toile. Encore une minute sous notre maigre protection et nous sautons dans le froid. S'engage un ballet où chacun trouve sa place. Les gestes sont rapides et obstinés. Partir au plus vite pour nous maintenir à température.

Je vis cet instant comme l'un des plus coriaces de mes nombreuses escapades. Quelques minutes tendues comme un fil sous le poids de la carpe. Il y a ce malaise propre à l'approche d'un danger. Je le ressens. Aucune attaque de chiens disgracieux ou de rencontres bagarreuses en prévision. Non, seulement le sentiment d'être à un pas de sa perte. Même si on lui dénie cette qualité, peut-être être cela l'instinct de l'homme. Reprendre la route avant l'irrémédiable qui pourrait ressembler à une fin.

Je suis maintenant droit sur mes skis et harnaché. Et je regarde mes mains. De petites cloques douloureuses ont éclos à l'extrémité de mes doigts. Seuls le pouce et le majeur de la main gauche sont épargnés. Le froid brûle comme un puissant soleil. Mes gants que je pensais performants n'ont rien protégés et les petits patchs chauffants glissés sous le tissu ne furent qu'une illusion de confort. La douleur est une fidèle alliée du marcheur. À bien s'y prendre, il y a toujours un muscle à froisser, une articulation à tordre. Mais la patience remet les choses dans l'ordre. Ici, il y a l'idée mauvaise d'une ligne de crête derrière laquelle il ne faut pas basculer. Que certains maux ne sont pas réversibles.

Mes doigts ne se feront pas au froid. Je dois les rendre invisibles et les protéger le mieux que je peux. Je pioche dans le noir de mon barda ce qui pourrait constituer d'admirables protections. Une enveloppe supplémentaire capable d'arrêter le léger souffle d'air qui empêche à la chaleur une installation pérenne. Et me voilà avec un sac plastique coiffant chacun de mes gants. Malgré la douleur montante, je souris devant le poulet en broche décorant la banalité de ces objets. Je me promets de remercier Monsieur Tiphonnet, mon boucher-charcutier, du cadeau qu'il m'a fait et dont il ne s'imagine pas le détournement.

Nous partons enfin mais je n'ai plus la légèreté de mes premiers pas en Laponie. Pour l'heure, seules montent des pensées désarmantes.

Mari Boine

La marche est un miracle. Même si le sang peine à reconquérir les veines désertées de mes doigts blancs, la douleur est plus discrète. Je me libère régulièrement des dragonnes et secoue mes mains d'une force à faire éclater les jointures. J'accompagne cet élan épileptique d'un pas lent et régulier tant l'immobilité est une plaie sous ces latitudes.

Et la puissance du mouvement fait le reste. Un bruit proche du silence. Une lumière captivante. Le plaisir revient à barboter dans cet étrange bain. De l'île de Papirissaeri je ne retiens déjà que l'ardeur passée à monter la toile et la découverte d'une nuit extrême. La matinée de déconvenue sera à ranger dans ce qui fait le sel du voyage. Il y eut à la veillée des discussions promettant des départs vers des terres d'ailleurs et des lendemains fameux. Et nous en avons un sous les spatules de ces lendemains fameux.

Je fais provision du formidable spectacle que la nature me sert chaque jour, mais j'ai le sentiment ce matin d'un tiroir plein. Non pas que l'ennui me guette, mais qu'il est temps de regarder plus en profondeur. Je ne parle pas pour le compte de mes compagnons habitués aux beautés septentrionales. Possédant la géographie des immensités blanches, leurs songes sont assurément différents des miens.

Les premiers jours m'embarquèrent dans une épreuve humaine et sportive, les suivants m'ouvrent béantes les portes du pays sami. Je ne suis pas venu ici pour la neige. Je ne veux pas d'une Finlande aux habitudes européennes. Je ne veux pas d'un simple parcours à skis semblable à une randonnée dans le Morvan. Je veux une épaisse forêt de bouleaux, du lichen, le cri du lynx, des loups effarouchant les rennes, des ombres indicibles. Je veux une terre de fantasme, des esprits convoqués par les tambours. Tout ce que les frontières administratives ne peuvent m'offrir. Je veux un autre monde. Peut-être d'une âme. J'entends que la réalité se montre à la hauteur de mes brumes. Comment trouver tout cela ? Il fait si froid et il n'y a ni hommes ni animaux pour combler mes caprices. Mais les miracles existent.

— Connais-tu Mari Boine ?

Nous sommes, François et moi, à skier à une distance nous permettant la discussion. François est né avec l'idée que le paradis flotte quelque part entre Alaska, Laponie et Spitzberg. L'influence de Jack London provoqua des dégâts irréparables sur son cerveau de jeune garçon. Devenu adulte, il cesse toutes affaires courantes à la simple évocation de Jean Malaurie et de Frison-Roche. Cet ailleurs glacé eut longtemps pour étendard la cohorte d'aventuriers emmitouflés dans leur peau de bête. Mais n'en déplaise aux braves grognards, leur troupe a déjà perdu la bataille et plie devant l'intensité de la voix de Mari Boine.

Je ne me souviens plus de la première rencontre avec la chanteuse originaire du Finnmark. Des souvenirs imparfaits chuchoteront qu'elle se fit aux détours d'un programme radiophonique lorsque le soir cherche des ondes mélancoliques. D'abord, le tambour qui à chaque battement enfonce le corps dans le sol, la basse comme une ligne de tension et la sobriété de cordes de guitare. La terre qui respire. Et sur les pulsations souterraines se pose une voix fine comme le gel qui convie les anges à un banquet. Nourrie par le soleil de l'hiver. Poussant vers les nuages tous ceux qui l'écoute. Et alors que l'envol est envisageable, le souffle reflue soudain dans des méandres mystérieux. Alors, tout explose. L'air se fracasse sur les parois d'une caverne obscure. Les esprits sont appelés à comparaître. La mélodie devient une vibration. Le joïk.

À l'origine le joïk n'était pas un chant, mais un pinceau dessinant des paysages, une mélodie sculptant les visages. Un mode d'expression évocateur d'une puissance à bousculer les giboulées. Son étrangeté en fit un chant de sorcier puni par les autorités occupantes. Une sale manie bonne qu'à vous changer en chaman. Des artistes se sont appropriés son mystère et Mari Boine en est une parfaite représentante. En mariant la dissonance du chant avec la ténacité d'une partition, Mari Boine perce les cœurs bien au-delà des forêts de bouleaux. D'autres musiques ont depuis abondamment accompagné mes jours, mais je demeure l'une de ses victimes émerveillées.

On dit du joïk qu'il est l'art de la métamorphose. Qu'à invoquer un lynx, on devient ce lynx. Mais mon attente est plus humble. Mon espoir est de trottiner un temps aux côtés de Marie Boine pour qu'elle me chuchote le secret de ses terres. Les beaux paysages ne suffisent pas à faire un voyage.

Oui, je peux répondre à François que je connais Mari Boine.

Lewis Caroll

Le chapelet d'îles se disperse et dégage un large espace solitaire.

Nous abordons le cœur du lac Inari. Les arbres ont disparu. Aucune prise pour me raccrocher au monde. Il y a bien dans mon viseur le solide attelage de François pour rappeler de mon appartenance à cette terre. Mais que peut-il face à l'implacable sensation de dilution dans un espace sans limite ? Pareilles aux lignes de crête effaçant les obstacles. Le voyageur devient une poussière dans l'immensité, ballottée par les vents, en prise aux froids, brûlée par le soleil. Une poussière parmi d'autres composés.

Alourdi du poids des skis, ficelé à une pulka, j'échappe à la dispersion de mes os dans quelques porosités. Je dois respecter les engagements du matin consistant à m'émerveiller de l'instant.

Mais qu'il est agréable de ne pas être là où l'on marche. De se perdre dans des notes de musique, d'être au plus proche de la scène où s'activent des artistes débordant de suée. Et au cœur de ce fourmillement, Marie Boine en déesse sami. Magnifique. Nous ne sommes jamais aussi vivants que lorsque nous nous désincarnons.

Mais le vagabondage cesse. L'œil s'installe. L'uniformité morne du départ devient un amas d'ombres et de courbes. La piste est une autoroute à la croisée de vallées, de formes placides ou tempétueuses. Sur ma droite, un château cathare en déshérence ou plutôt un gâteau de fin d'anniversaire. Ailleurs des visages étranges. La neige est ici tant de choses. *Kinos* lorsque le vent la sculpte, *naatukka* ou *riiven* selon ses humeurs, *sohjo* lorsqu'elle sent le printemps. De la même matière naît la multitude. La neige n'est plus.

Je ne cherche plus la compagnie d'un ailleurs et la découverte d'une nouvelle réalité coincée entre épaisseur de glace et ciel volumineux m'interpelle. Mais qu'elle est fugace cette nouvelle réalité. Je veux l'empoigner, la retenir. Une belle naïade file entre mes doigts. Une fine poussière humide laissée sur le noir de mes gants. Nous ne sommes pas en Laponie, mais dans le terrier du lapin de Lewis Caroll. Je veux rire de ma découverte avec François, mais une étrange ondée fait de notre premier de cordée une ombre soudainement instable. Il n'y a aucune intempérie. Aucun vent pour soulever la neige et la disperser. Un soleil tenant encore position. Et pourtant, un voile opaque donne à ma vue une acuité de centenaire. Comme une pluie venue du sol. Nous voilà bien ! J'en déduis qu'ici, même l'air est capable de geler.

À l'arrière, la même lumière confuse, mais rien ne semble perturber Marc. Il filme avec sa caméra ce que ma mémoire va tenter de conserver. Il a libéré sa main droite de l'épaisse moufle pour mieux saisir la machine. Et avec la douceur d'un réalisateur animalier, il balaie le paysage d'un large mouvement.

Pendant que mes doigts geignent du traitement que je leur inflige, la forte poigne de Marc affronte la rudesse de l'air lapon. Mais comment fait-il ? À force de côtoyer le vent et la boue, l'homme s'est acoquiné avec quelques forces surnaturelles. À moins qu'il ne soit constitué d'un alliage rare.

François m'attend sous une épaisseur de glace qui lui fait ressembler à Edmund Hillary retombant des hauteurs de l'Everest. Il me montre le thermomètre flottant à l'arrière de sa pulka. -34 degrés. Les températures n'en finissent pas de plonger. Je pensais l'épisode de la dernière nuitée être le plus difficile de notre parcours, mais le pire n'a jamais dit son dernier mot. Je soupire à l'idée d'une nouvelle expérience sous un tipi. Non pas que l'aventure me rebute, bien au contraire. Mais j'ai le sentiment désagréable d'être parfaitement démuni face à plus fort.

Un soupçon de maladie de reno, des gants aussi coûteux qu'inadaptés, des sous-gants oubliés sur ma table de cuisine. Le combat n'est pas égal. Mon énergie habituelle ne sert à rien. Mais pas une seconde, je ne pense à me plaindre. Être à la hauteur de mes ambitions et peu importe les conséquences. Mes élans voyageurs demeurent intacts. Me vient à l'esprit la belle Gibson achetée le mois précédant mon départ, au travail du luthier effaçant les blessures de concerts endiablés, aux mains abîmées de Django Rheinart qui firent du gitan un génial musicien. L'achat de cette guitare ne fit pas de moi un bon musicien, peut-être que la perte de quelques doigts réaliserait ce prodige.

Notre groupe se reforme pour une tournée de thé chaud. La bonne humeur ne pâtit pas des dernières turbulences, mais je comprends que les corps ont été secoués. Il n'y a aucune envie de revivre une nouvelle nuit dans de telles conditions. Mes mains inquiètent. Je sais que par elles, chacun entrevoit ses propres faiblesses et les risques encourus de renouveler l'entreprise. Mais l'idée d'être le maillon flageolant me déplaît. Il n'est pas question pour moi de prendre position et leur décision sera la mienne. C'est néanmoins avec une certaine satisfaction que Christophe confirme la présence prochaine d'une cabane.

La sagesse de la troupe et l'envie commune de retrouver un brin de confort viennent au secours de mon sale orgueil.

La fièvre

Marc cartographie, Christophe fourmille et je m'agite. Les habitudes déjà présentes voudraient que François se dirige vers la cuisine. Mais ce soir, François a le regard chafouin de l'homme malade. Nous le devinons à l'étuvée dans son sac de couchage, prêt à rendre sueur et fièvre. La cabane vaste comme nous ne pouvions espérer est une parfaite bénédiction pour assurer les soins aux premiers maux.

François nous échappe pour une lourde nuit de sommeil, Christophe se découvre une ampoule au talon large comme une semelle et l'extrémité de mes doigts se colore du noir de la nécrose. Un simple point pour six d'entre eux, et deux tâches plus conséquentes pour le pouce et le majeur de la main droite. Marc quant à lui demeure un tanker inoxydable.

La vie s'organise entre pommade et pansement. Marc sort de son sac des protections oubliées ressemblant à de longues chaussettes qui viendront couvrir mes entiers avant-bras et la chaleur provoquée par les soins camphrés l'emporte sur la douleur. Le combat contre le froid a été remporté au dernier round et mes mains ne sont plus un problème. Désormais, la plaie à vif de Christophe et la fièvre de François. Nos préoccupations ne peuvent être partout. Nous savons aussi que le temps qui nous sculpte de rides est un parfait allié. Nous devons patienter et cette cabane est une providence.

Il n'y a pas ce soir l'effervescence des lieux de passage et nos gestes trahissent l'envie de rester sous ce toit. Nous pourrions nous dire que cette cabane est la destination recherchée de notre escapade tant elle est accueillante, mais il n'en est rien. Elle fut trouvée dans le hasard de la course. Au carrefour d'une fin d'étape et du désir d'un havre. Les sacs s'ouvrent plus largement, le superflu rejoint l'indispensable. Un livre martyrisé, *le désert des Tartares* de Dino Buzatti, un jeu de cartes, des carnets, un guide, la bouteille de gnôle et la douceur du poêle. Tous les ingrédients qui font les longues pauses.

À l'évidence, nous ne partirons pas demain. Je vais profiter de ce temps immobile pour monter mes mains à température. Et lorsqu'elles auront emmagasiné la chaleur d'un grille-pain, ouvrir la porte et plonger dans la forêt, assuré que les valides suivront. Nous n'avons fait que l'entrevoir, au mieux la frôler. C'est un autre pays qui se raconte derrière les arbres.

Je rêve de la forêt arctique et d'une vie de sauvage. Chasser pour me nourrir. Tuer l'élan et la perdrix. Les dépecer au couteau. Sans plaisir, juste la nécessité de passer l'hiver.

Assis devant les cartes qui font son goûter, Marc a le regard tourné vers la fenêtre et se laisse aller à l'aveu. Le dehors n'est jamais aussi présent que lorsque la flamme du foyer réchauffe les corps et vous donne des envies de conquêtes. Et Marc n'échappe pas à la règle lui que je pensais distant de toutes autres considérations que sportives. Son passé de professeur de sport m'aura trompé. Je l'observe et ne décèle plus chez lui l'œil habituel qui pousse à la taquinerie. Les phrases prononcées dans un lieu de confidence ne sont pas anodines. Marc rêve de se frotter au sauvage et à la concurrence du loup. De connaître cette autre frontière que les curieux recherchent.

La phrase chuchotée par Marc n'échappe pas aux oreilles intéressées. Christophe traverse la pièce de son pas boiteux et s'assied à nos côtés. Le silence après les mots invite à poursuivre la confession. Christophe, la ferme l'a habitué à cette forme de sauvage qui consiste à estourbir les poules d'un coup de bâton et à saigner les lapins. Avec un tel enseignement, tous les fourrés lui sont ouverts. Et c'est vers l'est qu'il souhaiterait exercer ses talents. Il y a dans cette direction tout le mystère qui fait encore les belles aventures. Sa liberté se trouve par là-bas.

Un nouveau silence me tend les bras.

Pour ma part, j'ignore la direction vers laquelle m'engager. Mais ce dont je suis assuré, c'est que ma part de sauvage et de liberté, je la trouve sur les sentiers déserts qu'ils soient de France ou de Finlande. Lorsque mon cap a le bonheur rare de ne pas intéresser les foules. Croiser le regard du renard ou du chevreuil et pendant ce temps suspendu croire que l'homme n'a pas tout foutu en l'air.

Les mots divergent, mais les envies sont les mêmes. Nous prenons tous les sentiers pour frotter à la réalité le contenu de nos fantasmes et prions pour qu'il n'y ait pas trop de déception.

François ronfle déjà. Nous savons que de rêves d'épopées, le bonhomme n'en manque pas.

Encore le silence

Il est difficile de progresser dans la forêt. La neige y est profonde et les sentiers invisibles. Nous tournons le dos au lac à la recherche d'un autre paysage. Un lièvre a laissé ses traces joyeuses entre les arbres. Puis d'autres comme autant de petites fleurs annonçant le lointain printemps. À y réfléchir ce sont les premiers signes de vie depuis notre départ. Il y a bien eu au matin ce corbeau au vol chaotique. Une plume relevée sur son aile et l'air embarrassé du voyageur trompé par de mauvais panneaux signalétiques. Je l'ai observé un long moment avant qu'il ne disparaisse au-dessus des arbres. Nos campagnes regorgent de corbeaux organisés en compagnies nombreuses et braillardes, mais aucun oiseau pour tenter l'aventure solitaire.

Peut-être est-il le dernier de sa communauté à lutter contre l'exode vers les terres du sud ?

Je ne saurais dire où nous nous situons. Nous glissons sur une ligne sud-nord au-dessus du cercle arctique. Il y a longtemps qu'au sud les lumières d'Ivalo se sont éteintes. Au nord, les villages samis et la lointaine Kirkenes, mais à combien de kilomètres ? À l'ouest la réserve naturelle de Kevo et à l'est la Russie profonde. Rien pour nous situer si ce ne sont des données satellitaires invoquant de curieuses valeurs angulaires. Ivalo, 68, 65 986 degrés de latitude Nord et 27,53891 de longitude ouest. Voilà ce que j'ai noté sur mon carnet en début de parcours. Une certitude, nous sommes loin de tout. Ou plutôt, nous sommes loin de tout ce qui organise notre quotidien. Les routes asphaltées, le bruit de tondeuse du voisin, l'embarrassant.

Nous sommes trois à forcer nos enjambées. François est resté au lit à mener bon train sa convalescence. Marcher dans la neige est aussi amusant qu'épuisant. Sans raquettes, notre poids perfore l'épaisse masse blanche et nous ressemblons à trois culs-de-jatte en difficulté. Nous n'oublions pas le caractère farouche de la région, mais nos mines réjouies trahissent l'assurance que nous sommes bien à notre place dans ce coin du monde. Et heureux. Peut-être le syndrome du refuge de montagne. Protégés par les plis montagneux, les murailles de neige, l'éloignement. L'idée même que le temps qui passe peine à monter les cols et ici, ralentit sa besogne. Invincibles et éternels. Nous continuons de marcher jusqu'à rouler dans la neige. Nous ne cherchons plus rien, juste à découvrir une forêt plongée dans le silence et le froid. Nous regardons derrière les arbres comme si nous partions à la cueillette de cèpes. Cherchons un signe, une présence, une ombre, une courbe. Caressons l'écorce des bouleaux sous une lumière exténuée.

L'idée même de pénétrer le rêve d'une nuit sereine.

Nous cherchons ce qui pourrait nous étonner et c'est encore le silence qui réussit l'exploit. L'épaisseur conséquente de la neige ne laisse aucun répit aux tentatives de bruit. Les ondes sonores se brisent sur un obstacle invisible.

Il n'est pas ce silence familial qui cache les plaies et annonce les désastres. Il n'est pas le silence détestable lié à l'absence, le silence des fâcheries. Non, le nôtre est un luxe. Il nous a coûté un billet d'avion et le renouvellement de nos garde-robes. L'effort de nous détacher d'Ivalo, de pousser loin vers le nord, de prendre à gauche sur une neige immaculée, de sortir de la cabane et pour enfin se taire.

Les lieux silencieux sont rares sur notre terre. Seules de maigres zones échappent à l'emprise du bruit. La plus fameuse, l'Antarctique. Il semblerait que nous puissions rajouter la région d'Inari. Nous ne doutons pas que le printemps va apporter ses bruits de moteurs de hors-bord, mais le temps hivernal la fait se raccrocher à la maigre liste des lieux silencieux. Cette zone est à notre disposition et il n'est pas question de la traiter à la légère. Peut-être qu'aujourd'hui sommes-nous arrivés à l'apogée de cette denrée si rare. Un objet, le plus beau soit-il peut-être changé par un autre que la mode rendra plus désirable. Mais arrivé à ce point de silence, rien ne pourra en bonifier son intensité.

Passé le temps de l'étonnement, vient dans cet environnement sourd le temps de l'introspection. Soudain un bruit étonnant et inconnu. Il est si proche. Les têtes se tournent pour en dénicher l'origine. Et nous découvrons que le bruit vient de notre propre corps, d'un cœur qui gonfle les artères de jets puissants. Nous sommes une mécanique avec ses roues, ses pignons, ses vis, ses dérèglements et possibles pannes. Notre corps devient comme ces montres équipées d'un mécanisme apparent. L'utilitaire qui ne se cache plus, force l'intérêt par l'ingéniosité de ses assemblages.

Comment ce cœur peut-il tambouriner aussi fort ? Je ne l'imaginais capable d'une telle brutalité que lors d'excès de peur ou de poussées amoureuses.

Mais assez vite, nous renonçons à l'expérience par crainte de découvrir un vice de construction. Nous voilà à parler d'une force à faire plier les bouleaux. Pour ne rien dire, seulement pour remettre nos cœurs à leur place. La vie est suffisamment précieuse pour ne pas s'inquiéter de tracas superflu.

Nous apercevons la fumée de la cheminée filant droit vers le ciel. C'est le retour au foyer de bûcherons désinvoltes. Sans haches, ni bras endoloris, mais avec ce qu'il faut d'émotions pour en partager l'abondance.

La poche de froid

Nous sommes restés une autre journée dans la cabane. La faute à un réveil mal réglé ou à l'envie simple de traîner, rien n'a été tranché. Il y avait dans nos attitudes cette nonchalance de lendemain de noces où l'énergie semble se perdre à tout jamais. Nous avons pesté contre la sournoise maladie de François, fait semblant de ne pas voir que l'animal allait bien mieux après sa nuit de sommeil. Il était dit que nous devions rester. Le poêle brûla son stock hivernal, chauffant la cabane à en dilater les murs.

Pour ma part, je ne crachais pas sur une nouvelle journée paisible. À soigner mes deux doigts qu'une corne carbonisée commence à recouvrir. Mais j'avais surtout envie d'arpenter notre terrain de chasse et à nouveau m'enfoncer dans la neige. Mais à l'évidence, du silence, nous en avions soupé. Avec Christophe, la marche s'accompagna d'une conversation débridée sur tout ce qui fait les beaux voyages. Et notre tour du propriétaire réalisé, nous nous aperçûmes que plus qu'une réalité, le silence était un état d'esprit.

Nous reprenons le chemin. Nous pourrions rester plus longtemps dans la cabane, aucun horaire ne nous est imposé. Mais à l'évidence, les membres du groupe étaient tous animés de la même volonté de partir au plus vite. Peut-être qu'à trop rester dans le même lieu, on en épuise le charme et l'attrait. Ou alors sommes-nous commandés par quelques mécanismes anciens qui font du mouvement une condition essentielle à la survie. Les réserves de nourriture qui s'épuisent ou une plus grande vulnérabilité aux prédateurs qui, planqués dans les fougères, apprivoisent vos gestes ? Nos sacs débordent de harengs et les prédateurs préfèrent assurément les chairs moins noueuses. Il faut donc chercher ailleurs.

Peut-être du côté de la curiosité qui vous pousse au-delà des collines. Nous sommes venus en Laponie pour une géographie et une culture. Les lieux nous embellissent à chaque pas. Ce qui est de la culture, nous nous en tenons pour l'heure aux choses lues et reniflées à des milliers de kilomètres d'ici. La piste est déserte. Le froid humide remontant des eaux du lac nous prive de la rencontre. Il n'y a que des cinglés pour s'infliger un tel inconfort et nous devinons que l'opportunité de croiser des éleveurs samis s'accroît à mesure que les rives du lac se resserrent. Sentir l'odeur du lichen et approcher les troupeaux de rennes. Là seront les Samis.

Le poids des pulkas a été réparti entre les pulkas de façon à laisser à François le temps de la remise en jambes. Les conditions météorologiques ne différent pas des journées précédentes. Soleil, absence de vent et froid persistant. La colonne retrouve ses certitudes.

L'allure est vive comme si nous voulions en finir avec le lac. Mais lui, le veut-il ? Alors que nous venons de parcourir plusieurs kilomètres, sur ma joue une brûlure et une respiration plus difficile. La sensation du rasoir écorchant l'épiderme habitué des bords de mer. Un malaise qui fait rebrousser chemin. Il y a cette zone que nous pénétrons pareille à toutes les autres. À l'approche d'une île, peut-être une glace un peu plus brune. Je ne sais pas vraiment. Mais il y a cette certitude qui peut s'apparenter à l'instinct animal, je dois échapper à l'inexplicable comme ne surent pas le faire les avions à l'approche du triangle des Bermudes.

Je fais connaissance à ma première poche de froid. Ces endroits où se croisent les nébuleuses règles de la physique.

— As-tu ressenti ?

Bien sûr que j'ai senti l'attaque soudaine. Nos corps s'habituent aux circonstances sous réserve qu'elles s'imposent avec mesure et dans un temps raisonnable. Ici, la brutalité des événements empêche le cerveau d'effectuer tous les réglages et la fuite l'emporte sur la réflexion. J'accélère pour échapper à je ne sais quoi et retrouve François posé sous le soleil, scintillant dans une parure de glace. Il ressemble à un maladroit ayant trébuché dans la neige. Je comprends dans son regard lui renvoyer une image identique.

À la poupe de son navire, il n'y a plus le thermomètre qui nous renseigne de l'ambiance hivernale. Le fétiche échappé d'une main maladroite ou fiévreuse est quelque part blotti dans le linge d'une pulka. Il ne peut constater l'acharnement du froid à sans cesse tester nos limites. Mais sans aucun doute, nous venons d'atteindre les profondeurs du mercure.

Je n'ai pas compris lorsque François parla d'expédition pour ce voyage. Il y avait quelque chose d'hautain et de présomptueux dans cette affaire. Une responsabilité trop vive pour moi. Mon expédition fut présentée à mes amis comme une marche dans le grand-nord et pour les autres, une absence inexpliquée pour quelques semaines.

Christophe se rangea à ma cause en évoquant un froid lapon pareil aux emportements tempétueux de certaines régions de France. Là où le printemps est soudain emporté par la grêle et le vent glacial. Rien de plus. J'ai subi avec régularité ces épisodes météorologiques et pour autant, mon escapade sur le causse Méjean ne fut pas rebaptisée en expédition.

Dois-je aujourd'hui revoir ma sémantique ? Notre voyage s'énerve, se refroidit, s'agrémente d'un chaos obstiné. Le voyage se durcit. Ne serait-ce pas l'essence même d'une expédition ? Mais pour que le cahier des charges soit rempli, une dernière condition à lever. Les expéditions ont toutes un but comme retrouver l'étrave d'un navire dans une vasière ou plonger dans l'humidité d'une forêt à la recherche d'une plante rare.

Et force est de constater que nous la remplissons cette dernière condition. Notre objectif est à la fois simple et brouillardeux. Remonter vers le nord et attendre l'inattendu.

Je dois m'y faire. Notre cheminement ressemble à s'y méprendre à une expédition.

Les vieux fruits

Les jours s'accumulent lentement et j'ignore désormais le nombre passé à marcher sur le lac. Mon carnet griffonné les premiers soirs ne sort plus de mon sac. Il y a quelque chose d'impossible à écrire dans l'instant un voyage dont une seule minute est si vaste qu'elle peine à être contenue sur une page de papier. À vouloir en fixer les détails, le risque est grand d'en perdre l'intensité. L'écriture sera pour plus tard ou peut-être pas. Selon ce que la mémoire va pouvoir décortiquer de cette aventure. Pour l'heure, je laisse au voyage perdre son gras et seules m'importent la qualité de mon pas et la tension de la sangle me liant à la pulka. Mon existence ramenée au matériel à ma disposition, quatre silhouettes et à ce paysage ensorceleur.

Nous sommes arrivés au cœur du voyage où le temps n'a plus de prise. Nous pourrions marcher des années sans faillir. Je sais à peine que le mois de février approche. Peut-être est-il déjà là. Mais qu'importe. Ma tête n'est plus au calendrier, mais à l'esprit de nomadisme. Je divague comme un flâneur. Avec l'idée qu'une simple marche peut influer sur le cours d'une vie même si chaque retour ratatine les prétentions comme de vieux fruits au soleil. Revenu sur la terre ferme, les miracles peinent et il faut en remettre pour qu'à nouveau s'éloignent les rivages. Par bonheur, existent ces soirées du mois d'août où les dernières réticences s'effacent sous le bal des étoiles filantes.

Ce doux détachement devient contagieux. Marc, qui est d'habitude si scrupuleux, ne sort plus sa carte, ni l'attirail qui en fait notre aiguilleur du ciel. Son regard est désormais attiré par l'invisible. La parole du groupe devient moins compacte, nos sourires témoignent du sentiment rare de posséder l'essentiel. L'envie et de la nourriture pour continuer notre route.

Que deviendrions-nous à marcher ainsi 10 ans ?

Nous donnons de la voile encore étonnés des épreuves à dépasser pour avancer. Et encore plus étonnés du plaisir que nous en retirons. L'orgueil du voyageur se forge dans le froid et la fatigue. Il aboutit à croire que notre œil voit ce que personne n'a jamais vu, il croit au passage par des trappes jamais ouvertes. Et la Laponie œuvre à ce prodige que toute la force mise par l'homme pour marquer sa présence ne résiste pas à l'hiver lapon.

Nos esprits s'engourdissent. Le blanc nous accapare, le soleil étrange nous subjugue et qu'importe que nous ne retenions pas tous les paysages. Ils passent avec leurs couleurs magistrales dont il sera difficile de se détacher. Les horizons surgissent comme des diadèmes dont la brillance nous prive peu à peu des détails. La lumière devient une tache d'encre débordant tout le reste. Du ciel, nous ne voyons que son bleu. Déjà, mes nuits ont changé de reflets. Les hautes herbes qui accompagnent mes balades endormies sont désormais couvertes de givre.

S'invite à nos journées blanches un sentiment de force que le soir nous arrache lorsque s'ouvre une nouvelle cabane.

Marcher nous gonfle d'endorphines qui nous feraient finir le chemin dans le plus simple appareil tant nous sommes empreints de confiance. Nous faisons avec nos tracas dont l'importance perd toute vivacité à mesure que nous avançons. Les blessures deviennent de simples écorchures de ronces. Et le danger est à ce point dédaigné qu'il n'est plus évoqué. Heureusement, le soir et ses tâches pratiques nous ramènent à notre devoir de réserve. Il suffit de porter les yeux sur notre situation géographique pour nous persuader que mes doigts piteux sont le louable témoignage de ce que peut produire la région. Ce pays se voyage dans une seule direction. Vers le nord. Et dans le nord, le froid y est plus vif, parait-il.

Alors autant revenir à nos prudences de début de parcours. La fin du voyage n'est pas pour demain.

Les chiens de traîneau de Gilles Elkaïm

François veut rencontrer Gilles Elkaïm. Il lui a écrit. Il y a longtemps à ce que je comprends. J'ignore si sa demande souffrit d'une réponse, mais les rêveurs, attendent-ils vraiment des réponses. François sait la maison de l'aventurier au milieu de ses chiens de traîneau et au nord de la Finlande. Alors il écoute le vent léger souffler au cas où il récolterait quelques jappements annonciateurs.

Gilles Elkaïm est de ces baroudeurs insoucieux traversant le monde comme nous allons acheter du pain. De préférence, là où la vie est rugueuse et froide. Le Kamtchatka, détroit de Béring, toujours le Grand Nord même s'il eut quelques infidélités africaines. Sa gloire, il la doit à ses multiples expéditions septentrionales, dont celles passées à bord de son voilier Arktika. Voir s'il y a encore des passages à percer là où tout semble être de béton armé.

Je ne connais pas Gilles Elkaïm, mais il fait partie de mes chapelles insondables comme l'était Patrick Edlinger avant son fracassement. L'un admirable, aux boucles brunes, s'agitant sur un voilier. Film vu dans un cinéma dont le nom m'échappe. L'autre, atèle blond, magnifique de légèreté et de poésie accroché à son vide. Les revues d'escalade s'empilaient dans ma chambre. Mes héros étaient autonomes et pleins de retenue.

Edlinger choisit un avenir définitif pendant qu'Elkaïm est depuis longtemps sorti de mes radars. Peut-être subit-il aujourd'hui un reflux de sa vie aventureuse ?

Sur l'autre versant, d'autres se sont découverts. Moins prestigieux, moins médiatiques. D'une vie modeste, ils passent à une aventure modeste, mais qui n'en est pas moins de l'extraordinaire. Chacun de mes périples me fit croiser au moins une personne que le banal ignore.

Nous faisions avec mon ami Yves un tour plaisant du Larzac parmi les moutons et les morsures de chiens lorsqu'un homme nous aborda dans la chaleur d'un rayon de soleil. Il était breton et découvrit la marche avant que l'arthrose ne le fauche. Parti de son Finistère pour rejoindre Saint-Jacques-de-Compostelle, son retour se fit par l'Italie. Croisé un Autrichien sorti de chez lui depuis trois ans et qui ne se retournait plus. Peut-être que sa porte d'entrée demeure encore ouverte. Les routes débordent de formidables besogneux dont la rencontre est un investissement pour l'avenir. Elle donne tout simplement le sentiment que notre vie en est changée.

François se tient dressé. Il ne bouge pas. À l'écoute d'un appel. D'Elkaïm, je retiens ce dernier article ramenant sa demeure et ses chiens sur ses terres de Bretagne. Mais peut-être ai-je mal lu ? Peut-être que le journaliste était un mauvais journaliste. Peut-être y a -t-il d'autres, Gilles Elkaïm sur la planète. Je ne dis rien. François est dans ses espoirs et pourquoi lui ôter ce frisson.

Marc ne s'embarrasse pas :
Elkaïm a d'autres chiens à fouetter et de toutes façons, il est fort impoli de se présenter chez les gens sans y être invité.

Là où j'évite la raideur, Marc emploie l'utilitaire. Il faut avancer et je reconnais que certaines situations se passent fort bien de l'emphase et de la patience. Nous reprenons la route avant que le froid ne nous saisisse, assurés que François se rattachera sous peu à de nouvelles pensées vagabondes.

C'est ennuyeux, il serait bien allé visiter Gilles Elkaïm.

L'égoïste

Soudain un nouveau changement. Plus de piste ni de traces. Leur absence renforce ce sentiment d'être où les autres ne sont pas. De se penser explorateurs. Être à la marge. Il n'y a plus les délicates branches de bouleaux plantées dans le sol pareilles à des glissières de sécurité. Le blanc immaculé témoigne de la désertion de cette partie du lac par les hommes. Les motoneiges montant d'Inari finissent leur ronde dans la limite de leur réservoir d'essence. L'accès aux villages samis, *Sevettijärvi* et *Näätamo,* se fait par la route 971, bitume esseulé partant d'Ivalo pour cueillir *Kirkenes,* la Norvégienne.

Même faible, l'épaisseur de la neige pèse sur les jambes, sa légèreté accroche les skis et les pulkas. Nous retrouvons le pas désastreux du premier jour.

Je prends la tête du convoi pour préserver François d'une fatigue trop zélée. À moins qu'il ne s'agisse d'une motivation égoïste. Profiter d'une rareté. Il y a devant nous la preuve de l'absence, de la solitude. Pour le voyageur, l'idée d'un monde neuf ou peut-être du paradis. Un blanc virginal, sensuel. Nous, les marcheurs, acceptons d'user nos chaussures sur les bords de route, de traverser des zones industrielles crasseuses, car dans chaque journée, il y a l'instant de grâce qui fait oublier les kilomètres inutiles. La beauté d'un nuage brûlé par le soleil du soir. Le temps s'arrête pour une minute. Et parfois la profusion comme ce qui nous est offert aujourd'hui.

Alors j'avance sans demander mon reste dans une lumière plus éclatante que jamais. Une plus grande fatigue est le prix de ce plaisir, mais à personne, je ne laisserai ma place. J'avance à en oublier le thé qui réchauffe le ventre et les mots échangés faisant de nos haltes de chouettes moments à vivre. Mes compagnons de route sont trop éloignés pour que je les rejoigne. Trois points rassemblés autour d'un plaisir commun. Je les devine disserter sur la qualité de la neige, la vie de musher dans la région et sur l'étrange buffle que je suis avançant tête baissée. Ils sont une force. Que peuvent les embruns et les giboulées contre de telles forteresses ?

L'attention se porte volontiers sur les hommes lorsque le paysage se réduit à une immensité blanche ou aux silices d'un désert de sable.

Ce sont les obsessions sahariennes de Saint-Exupéry qui me viennent à l'esprit et non les courses polaires de Jean Maulaurie. La Laponie est commune au désert de sable. Le froid, la chaleur éloignent les hommes. Le sentiment du vide. Et soudain, l'indicible mouvement qui réenchante. Un rezzou armé cherchant chicane à la première vexation. Pour défendre son pays, son orgueil. Une colonne d'hommes armés en marche vers le fort de Cap Juby. Le fort de l'occupant est trop éloigné. La chaleur épaisse. La colonne ne verra pas les hauts murs du bastion. Elle ne combattra pas. Elle le sait, mais qu'importe. L'important est le mouvement. Que le vent porte loin la légende d'hommes en marche dans le désert.

Le vide devient un lieu porteur d'âmes. Les dunes ne sont plus des dunes, mais un repli ayant croisé des hommes en colère, des rêveurs, des chacals en chasse. Et devant un paysage à tous les yeux semblable, chacun compose sa géographie intime. Son propre atlas inconnu des cartes officielles.

L'océan glacé à traverser, connaît les mêmes drames que le désert. L'impression d'une vie asséchée. Mais derrière l'immensité, il y a tant de choses.

Mes compagnons reviennent à hauteur avec l'impression d'un déséquilibre qui s'estompe. Il y a un double bénéfice dans cette échappée solitaire. Le plaisir pris à retrouver cette solitude dont je suis si friand et le plaisir encore plus grand d'y mettre fin.

La braguette

Pour permettre à l'expédition de poursuivre, le groupe condamna mes mains à l'enfermement. Sous-gants, gants, sur-gants, chaufferettes furent réquisitionnés. Mon armure installée, le mouvement reprit. L'intention est louable, mais je n'ose évoquer mon embarras lorsque une envie naturelle se fait pressante. Le thé réchauffe autant le corps qu'il gonfle la vessie. Et c'est avec un regard débarrassé de toute sensualité que je m'approche de mes compagnons pour que l'un d'eux ouvre ma braguette. Ma pudeur hésitante se charge de la suite des opérations.

François connaît ses enfièvrements, Christophe, la blessure du marcheur. Mais Marc ? Je m'interroge à son sujet. Est-il vraiment mortel ? Pendant que mes avant-bras ressemblent à des emballages fabriqués dans l'urgence, Marc se suffit de gants à l'évidence sommaires et n'hésite pas à mettre ses mains à nu lorsqu'une manœuvre le demande. Je me sens de cristal à ses côtés.

Mais il y a un point de rouille sur le blindage. Pendant que je frotte mes mains à leur faire regretter les dimanches ensoleillés, Marc s'assied face à moi pour s'assurer de la bonne évolution de mon état. Assuré que la nécrose ne progresse pas, il peut s'adonner à l'exercice favori du groupe, le chambrage. Une joute verbale qui agite l'esprit comme la marche entretient le corps. Il cherche les mots assurés de m'amuser, mais avant que n'explose la première saillie, je lui fais remarquer la mauvaise manucure qu'aucun regard ne remarqua jusqu'alors. Une couleur gris ardoise soulignée d'un liseré pourpre. La composition serait plaisante s'il ne s'agissait du pouce de Marc. Alors que mes doigts ne sont à l'évidence touchés que sur leur extrémité, le froid eût pour Marc une attention toute particulière. Sa première phalange est couverte d'un gris maladif, pareil au nez alcoolique de solides poivrots.

J'ai déjà évoqué l'admirable silence dont nous nous sommes délectés les journées passées. Mais pas ce silence-là. Celui de l'inquiétude et des incertitudes. Nous avons tous photographié l'espace et détaillé les cartes avec une ardeur variée. Il semblerait que dans la région nous ayons plus de chance de croiser un renne qu'un médecin. Les premiers villages samis approchent, mais ils ne nous assurent aucune médecine rassurante. Et à notre connaissance, l'hôpital le plus proche se trouve à Ivalo.

Nous formons un groupe, solidaire, vaillant, bâti pour avancer, pour filer vers une direction instable, vers le nord, vers le pôle, pour chercher un inconnu, pour découvrir des lieux, des visages, trouver une autre réalité, courir après des fantasmes et ce qui fait une vie de voyage. Et soudain ce dilemme qui distille le doute. Doit-on se résigner à faire ce que le marcheur ne peut concevoir ? Rebrousser chemin. Les reculades aussi justifiées soient-elles ne sont jamais vécues autrement que comme un renoncement.

Mais il s'agit de Marc. L'admirable compagnon de route à qui l'entièreté physique va si bien. Marc a l'expérience de la montagne et des virées glaciales. Il sait les conséquences définitives des chairs gelées. De la rencontre inévitable avec un chirurgien vasculaire, lorsque les tissus épidermiques sont détruits. Je comprendrais qu'il fasse ce pas en arrière pour mieux repartir à l'aventure.

Quelques secondes de flottement et le sourire qui revient à dire que nous sommes gélifs comme de vieilles pommes restées sur l'arbre. Je frotte avec une ardeur forcée mes deux mains pendant que Marc entreprend de percer son ongle avec un clou pris dans la poussière d'une étagère. Mais pour être un bistouri prêt à être posé sur un champ opératoire, le morceau de ferraille demande des transformations. La cabane se change en atelier de chaudronnerie, la pierre bloquant l'ouverture de la fenêtre, un outil martelant et limant. Nous aidons Marc à son ouvrage et à l'issue du travail d'une soirée, le petit objet est passé à la flamme finale. Marc peut enfin libérer son ongle d'un trop-plein douloureux.

Cette petite goutte de sang est pour nous une délivrance comme si elle contenait les déboires d'une vie dans son mince volume. Il est dit que notre aventure ne prendra pas fin aujourd'hui. Le groupe conserve l'attitude volontaire d'une méharée qui avance parce qu'il ne peut pas en être autrement. Les difficultés doivent être affrontées sans nier les évidences. Mes doigts ont à mesure que le temps passe la sensibilité d'une jambe de bois et le pouce de Marc, la vilaine couleur de la charogne de Baudelaire.

La situation augure que l'on s'inquiète. Faire notre possible pour qu'elle n'empire pas. Et si le froid vient encore à nous taquiner, il nous restera à retrouver l'esprit faisant du pire une victoire. Si Herzog ne put sauver ses doigts, il assit son prestige à prononcer cette phrase aux lendemains de son retour de l'Annapurna.

Vous voyez ce que j'ai en moins, moi, je sens ce que j'ai en plus.

Et même si la douleur est insistante, faire mine de ne rien regretter. Ce n'est pas plus compliqué que ça.

La dernière cabane
avant la forêt

Les derniers événements ont pour conséquence d'infléchir notre parcours. Finie la mer de Barentz pour une direction nord-ouest. *Svattijärvi* et son accès à la route 971. Nous la percevons comme une roue de secours avec l'hôpital d'*Ivalo* accroché à sa partie méridionale. Notre détermination n'est pas opposée à un brin de raison.

Pourtant, si aucun de nous ne l'a affirmé d'une voix forte, *Kirkenes* était notre destination. Par superstition ou lucidité, notre but restait volontairement brouillardeux. Pour ne pas faire une infortune d'un simple changement de cap. J'ignore ce que cette petite bourgade représente pour chacun d'entre nous. L'espoir d'une mer charriant quelques iceberg d'une banquise encore invisible. La porte vers un autre monde, la fin d'un autre. Une simple borne de passage.

Sans oublier *Kirkenes,* nous devons la penser différemment. À l'évidence, elle est de ces lieux qui tremblent à l'idée de décevoir et préfère s'infiltrer dans les rêves. Le noir de son port industriel s'efface à mesure que s'impose le rouge des maisons de Svattijärvi.

Lors de nos travaux préparatoires, ma mémoire photographia l'entrée du lac et ses premières courbes. Plus au nord, je ne remarquai pas la bande de terre couchée sur les eaux ressemblant à un bras vengeur. Ou à une digue marquant un poste-frontière.. Je devine les dépressions glaciaires incapables de créer seules de telles rives. Si un dieu taquin voulut forcer la curiosité des rares voyageurs, il ne s'y serait pas mieux pris. Je montre à mes compagnons l'étrangeté et chacun y va de son hypothèse. Les propositions n'ayant aucune chance de faire progresser la science, nous ne retenons aucune d'elles.

Nous passons l'étrange langue de terre dans la journée, mais plus personne pour plaisanter. Le rythme est soutenu dans un paysage pareil aux précédents. Toujours cette beauté hivernale à couper le souffle. La troupe ne perd aucun entrain et les plaies même vigoureuses n'y peuvent rien. A marcher, nous demeurons comblés.

Nous avons pris nos habitudes dans cette immensité et lorsque les rives peu à peu se resserrent, il y a cet instant d'adaptation à une nouvelle réalité. D'un épisode de désincarnation où l'esprit peine à s'ancrer, au paysage de forêts qui nous ramène vers le vivant.

L'excitation monte à mesure que s'approchent les pointes noires des bouleaux. Nous allons retrouver un terrain plus familier pareil au paysage rassurant des montagnes. Être en présence d'arbres matelassés d'une épaisse neige agit sur le cerveau comme un antidépresseur à l'opposé de ce lac qui chaque jour nous apporte sa difficulté. Il faudra encore s'agiter, mais dans un environnement de meilleure humeur.

Aujourd'hui, l'étape s'étale sur 25 kms. Une distance conséquente lorsque le froid impose la mesure et que le soir revient avec une efficacité désolante. Malgré une neige à déflorer, je ressens une plus grande force du groupe. Les jours qui passent nous renforcent autant qu'ils peuvent nous happer si nous n'y prenons pas garde. Notre allure n'a jamais été aussi élevée et les freins que nous nous imposons se desserrent. Je retrouve les belles envolées sur terrain tempéré avec ce désir de brûlure dans les cuisses. Le lieu s'y prête à merveille. Rectitude de la piste, une clarté éblouissante creusant loin l'horizon et ce petit point en bout de piste. La dernière cabane avant la forêt.

Combien de kilomètres, combien d'heures ? Nous devenons des lévriers apercevant le lièvre dans un cynodrome. La tentation est grande de forcer pour attraper au plus vite ce point lumineux que je devine être le soleil tapant dans une vitre. Et la tentation existe pour qu'on y succombe.

Me voilà d'une marche rapide à taper dans le froid pour évaluer sa résistance. Il m'a blessé, je lui enfonce un coin de bûcheron dans le gras. À ainsi m'égarer, toutes les réticences à l'égard des habitudes hivernales de ce pays s'estompent. Je marche à en courir, libre comme rarement. À cet instant précis, s'installe l'euphorie des errants.

J'imagine mes compagnons être dans de semblables dispositions. Eux, habituels laboureurs des terres gelées ne peuvent que se satisfaire de la rencontre toujours nouvelle avec ce territoire. Jamais ils ne connurent un froid à faire éclater les atomes, donnant à l'air ce caractère si pur. Nous sommes un groupe désormais installé. Marc que son goût pour la maîtrise place à l'arrière. Christophe, turbine discrète et indispensable au cœur du convoi, et François en prise avec ses héros volatiles, placé selon la fièvre à l'avant-poste ou sur mes talons. Nous sommes un groupe où chaque individu réussit la gageure d'aider son prochain tout en jouissant d'un plaisir égoïste.

Je trouve mon bonheur dans la marche rapide comme si demain me privait de mes jambes. Et c'est ce que je fais aujourd'hui. La cabane grossit, le soleil semble s'accrocher au ciel. Une magnifique cabane. La plus belle. Surplombant l'univers. Elle est là sur ses hauteurs, laissant le lac derrière elle. François, épargné par la fièvre, est déjà à mes côtés. Lui aussi accéléra pour retrouver cette cabane qu'un lointain voyage estival lui fit déjà rencontrer. Nous ouvrons la porte, le souffle emballé.

Comme toujours nous nous empressons de faire rougir le poêle, mais ici, il n'est pas question d'enflammer une obscurité nourrie par les arbres proches. Les murs traversés de nombreuses fenêtres s'embrasent de lave en fusion. La combustion de deux bûches agit comme la minuscule lampe d'un phare dont le jeu de cristal démultiplie la puissance. Personne jusqu'alors pour relever notre présence discrète sur les chemins de glace. Désormais, la Laponie observe cette lumière inhabituelle creusant loin dans la nuit. Notre lumière.

C'est un intérieur qui fait un lieu de villégiature avec son bois sentant la coupe fraîche. Avant toute chose, l'habitude nous fait ravitailler la réserve en bûches, remplir de neige le seau en métal pour alimenter nos soifs, plonger dans la pulka à la recherche de ce qui fera notre dîner. Mais ce soir, j'éprouve une gêne inhabituelle me poussant à déborder du rituel. Il n'y a pas la poignante douleur provoquée par une marche longue. Ampoules, crampes, tiraillement divers, ceci est à oublier. Il y a autre chose que je ne saisis pas. Comme une lourdeur.

Le confort intérieur du moment s'établit à -22 degrés et je suis torse-nu pour dénicher l'anomalie. Le corps humain est formidable d'adaptation, mais rien pour justifier le désagrément. Mon enquête se poursuit dans les soubassements et là, je constate m'être alourdi du poids de ma sueur gelée. Mes jambes sont deux branches recouvertes d'une pluie verglaçante. À oublier la sagesse d'un pas calme et méthodique, me voici à risquer plus grand que de simples doigts. J'enrage de ne pas être dans la mesure, au risque de remettre en cause la poursuite de l'expédition. Par bonheur, la glace hait les intérieurs.

Quelques coups comme si je brisais une vitre et mes jambes apparaissent fraîches et entières.

Marc et Christophe nous rejoignent. Je choisis le silence du mauvais élève tout en me promettant de faire acte de contrition lors d'une prochaine pause. Il n'y a que ça que je puisse faire. L'activité reprend avec plus d'ardeurs que la cabane nous semble être vue jusqu'à l'autre bout de la terre. Ses larges fenêtres, son emplacement surélevé lui donne l'assurance d'un mannequin défilant sur un podium. Éloignés du calme des autres cabanes, nous ressentons ici l'énergie électrique d'une centrale nucléaire.

Et c'est dans ce phare magnifique que nous passons une soirée bercée d'ombres bougeantes. Au-dessus de nos têtes s'agitent les premières aurores boréales.

L'ours, le loup et l'élan

Le terrain change. Face à nous, la Laponie immortelle avec ses arbres de hauteur modeste et sa lumière neigeuse. La sensation de dispersion que provoque l'immensité fait place à la légende. Nous pénétrons le territoire de Louhi, la sorcière des glaces. Sa colère crée les hivers rudes et à l'évidence, la douce sorcière est actuellement d'humeur maussade.

Nous ne sommes plus en Finlande, mais en territoire sami. Les hommes y sont si rares qu'on y comble le vide avec les esprits. Parait-il qu'ici, les rochers ont une âme et qu'un renard peut être votre animal totem. Porter sa fourrure nous donne sa ruse. On y parle d'égal à égal avec le monde. La pierre n'est plus un matériau, l'animal, la viande d'un ragoût. Si il y a une qualité à retenir des croyances chamaniques, c'est de nous ouvrir à une pensée moins arrogante.

Du genre à remettre en cause notre statut de dominants.

Nous pourrions sourire de ces fantasmes boréaux, mais nos campagnes civilisées connaissent également leur mythologie hasardeuse. Enfant, j'ai baigné dans les ombres, les arbres aux formes humaines, aperçu les corps courbés sous le poids du doute. À chaque attaque de sales maladies, surgissait un monde de mauvais sorts et de rebouteux. Le rationnel rendait l'âme au premier vol de la hulotte. Dans le halo du pire, rares étaient les bonnes nouvelles. Nous étions sur la défensive, à vivre des soirées de soupçon. Du chat tranquille au voisin solitaire, tous surgissaient de la marmite de l'enfer.

Afin d'atténuer la saveur amère provoquée par cette bouillie, j'allais sur les chemins savourer une nature plus honnête. Peut-être n'ai-je pas tant changé à encore courir les routes boueuses ? Envisager dans chaque sortie le recul de mes limites et creuser ma propre spiritualité ? Le monde aventureux nous détourne de nos eaux bénites usées pour un autre sacré à l'odeur forte de lichen. À croire que l'herbe est plus verte ailleurs. Les chemins de France font leur office en offrant de magnifiques croix moussues ou de petites chapelles dégingandées. Leur humilité ravive les cierges, mais malgré leurs bonnes grâces, elles n'ont pas la profondeur d'un ailleurs. Et cet ailleurs, je l'ai face à moi.

C'est un nouveau voyage qui commence. Il ne s'agit plus d'employer l'énergie du camionneur à maintenir une vitesse stable à son bolide. Désormais, le chemin louvoie, grimpe, glisse sur les pentes. Les courbes demandent une attention plus vive. Nous formions sur le lac un impeccable couple avec nos pulkas. Désormais, les descentes nous les envoient sur les talons. Le sol déformé nous ralentit et parfois nous déchausse. Il faut réapprendre la marche et réorganiser son souffle. Le nez que nous pouvions avoir en l'air se baisse. Les muscles durcissent. Nous encaissons les affres simples d'un changement de terrain.

La marche sur le plat d'un lac gelé est rare et elle vous fiche des habitudes de grands-pères. Il suffit de choisir la vitesse du vol et de mettre son cerveau en quarantaine. Seule l'arrivée dans la cabane perturbe la routine. Nous retrouvons ici le chemin désordonné d'un monde normal avec ses surprises à chaque virage. Pour l'heure, nous en sommes encore à dompter nos pulkas qu'un mal étrange affole. Une pulka qui n'est pas la mienne me dépasse, suivie d'une autre pulka qui cette fois-ci est la mienne. Nous finissons Christophe et moi étendus dans la neige et les rires.

Nous reprenons le sérieux que nécessite une expédition. Dans la littérature de voyage qui fait mes lectures, seules les difficultés, l'exaltation, la peur, la fierté et tout autre sentiment grandissant semblent être de mise. À l'évidence, notre joyeuse troupe a peu de chances de pénétrer le Panthéon des récits d'aventures.

Le chemin file dans une forêt que nous espérons peuplée d'ours endormis, de loups secs d'avoir faim et d'élans hauts comme des autobus. Nous subissons le manque de ces animaux fameux qui par une seule trace laissée au sol vous remplissent un voyage. Pourrai-je un jour fanfaronner avoir croisé un ours ou un loup lors de mes échappées ? Aujourd'hui, je me suffis des mots du berger qui a vu l'ours et le loup et de mon statut de témoin par procuration. Allons nous tomber sur le museau d'un élan maintenant que nous sommes sur leur terrain ?

Et il y a soudain cette agitation dans le vide qui ressemble à une clairière.

Le Sami

La glace nous prive du vivant. Et lorsque bouge devant nous autre chose que des flocons, il y a cet instant d'incrédulité difficile à faire passer. Un galop de rennes comme sortis d'un rêve. Une dizaine de bêtes poussées par le moteur d'une moto-neige s'éparpillant dans le paysage.

D'abord une déception. Ces bêtes au regard biaisé, l'échine basse, le bois pour la plupart brisé, le pelage troué par endroit ressemblent à des animaux échappés d'un mauvais cirque. Je suis étonné de ce peu d'entrain pour la liberté alors que leur enclos possède des limites que jamais ne connaîtront des milliards d'animaux entassés dans la puanteur. Peut-être ne devinent-elles, que quoi qu'on leur offre, elles fourniront au crépuscule de leur vie, peau, viande et ornement à leur propriétaire. Après tout, à quoi bon fournir les appâts d'une fin anticipée.

Mais ce ne sont pas ces pauvres bestioles qui m'intéressent, mais le pilote de la moto. Une stature à faire lâcher les coutures de sa combinaison, la bouille ronde, la peau patinée par les jours, le regard assuré d'occuper sa journée et dépassant de son dos, les deux extrémités d'un long fusil. C'est une vision qui vous attache à l'instant. La rencontre avec notre premier Sami.

L'homme a la sympathie des gens pressés et poursuit sa besogne sans s'arrêter. Nous ignorons où il mène ses bêtes, mais la manœuvre semble suffisamment importante pour l'exécuter au pas de course. Nous nous écartons comme nous le pouvons et observons le cortège le temps qu'il disparaisse au premier virage.

J'ai observé son fusil lorsqu'il passa près de moi. Une vieille pétoire pas faite pour le rutilant des cérémonies. Une arme malmenée comme peut l'être un sac. La crosse à la couleur fade d'un bois sans vernis et le fer du canon piqué de rouille d'être trop tombé dans la neige. Mais cette arme vit et donne assurément la mort. Elle possède une longueur qui lui assure un tir de précision et donne l'envie des journées interminables à attendre le passage de la victime. En espérant qu'elle soit de poils ou de plumes.

Ce fusil assure la présence du sauvage et justifie les efforts déployés pour nous porter si haut en Laponie.

Il y a la bravoure des cavaliers afghans de Kessel dans cette chevauchée. Mais peut-être qu'une vie à courir la solitude nous fait nous étonner là où les premières heures du voyage nous tireraient une simple grimace. Une chose est certaine, le plein-air embellit les choses même les plus navrantes.

Nous parlons des Samis comme d'une irréalité. Bons à couvrir les pages de polars suédois ou à produire du fantasme chez les ethnologues et autres aventuriers. Mais lorsque vient le moment de s'y frotter, autant que la rencontre soit de bonne qualité. Et cette première rencontre ne me déçoit pas. L'éleveur sami a exprimé tout le dédain d'un peuple sûr de son fait et de ses résistances. Malgré notre bonne volonté, nous devons en convenir. La traversée du pays ne suffira pas à faire oublier nos vies faciles et nos tutelles. Nous ne sommes que de passage et l'éleveur sami n'est pas dupe. Peut-être que lui-même n'a jamais subi, ce nous avons subi. Peut-être que ses parents lui interdirent de traverser le lac comme nous l'avons fait. Mais qu'importe lui sera toujours là et dans plusieurs lunes, nous bomberons le torse dans une pièce surchauffée à raconter le froid. À raconter son pays comme si c'était le nôtre. À entendre des *je ne sais pas comment vous avez fait, mais moi, je n'aurais pas pu*.

L'éleveur sami est passé sans sourciller, poursuivant sa route vers ses habitudes. Sans sale coup d'un génie abruti ou attaque d'un ours, rien pour éveiller son intérêt.

Mais rien pour nous assombrir. Nous disposons de curiosités suffisantes pour nous pousser à faire le tour de la terre et à nos âges, il y a longtemps que nous avons mis de l'ordre en nous. Le chemin reprend donc avec une seule question en suspens. Sont-ils ici tous fâcheux ou sommes-nous tombés sur le désenchanté du village ? Il nous appartient pour le savoir de poursuivre au-delà de la colline.

Le troupeau de chèvres

La fin du parcours ressemble à une balade digestive. Nous discutons comme des beaux-frères dans un froid ramené à la raison. La présence de l'éleveur et de ses rênes nous assure de la proximité du village de Svattijärvï même si la proximité est sur ce territoire une notion peu fréquentable.

Le chemin s'active en méandres. Les pulkas s'apaisent. Accélérer le pas en début de descente pour les maintenir à distance. Les derniers réglages permettent un retour à la fluidité.

Nous sentons le temps du retour s'approcher dans chaque virage. La parole soudain abonde. Pour ne rien dire. Pour se préparer aux autres. Pour dire l'inessentiel et garder en soi la part conséquente du voyage. Il y a une ambiance de récréation même si dans le secret, naissent déjà les envies de nouvelles évasions. Un voyage ne se termine pas une fois le sac éventré sur la table de la cuisine. Il y a encore des euphories à maîtriser.

Je m'interroge toujours sur le jour d'après. Comment mes compagnons vivent-ils ce moment ? La petite caméra de Marc a pointé son œil délicat sur la profondeur des paysages. Une vraie collecte d'intime que notre marquis souriant visionnera à loisir dans son salon. François a cette capacité inévitable d'émerveillement. Qu'il soit d'avant ou d'après, le jour connaît toujours ses grâces. J'ai griffonné deux trois mots sur l'emballage de biscuits que je travaillerai arrivés à maturité. Christophe est lui plus insondable. À l'aise sur tous les terrains, il possède ce calme qui le déplacerait sur la lune. Il doit vivre le jour d'après avec l'assurance d'être de toutes les nouvelles expéditions.

Nous faisons plus de bruit qu'un troupeau de chèvres. Le silence et la dispersion de nos âmes sur l'immense lac gelé ne sont plus qu'un souvenir. Et c'est dans le chahut que surgissent les toits des premières maisons. Svattijärvi est un village plaisant avec ses maisons pour beaucoup colorées. Ses petits jardins enfermés dans le creux d'un vallon. Paysage dont s'accommode fort bien les pays nordiques. Passé l'éclat, je n'éprouve rien de plus qu'une simple déception. Je m'attendais à un village de peuple autochtone avec ses maisons aux planches disjointes, ses peaux séchant devant un bûcher, une poignée de rênes blasés devant l'énervement d'un chien. L'éleveur taciturne nous prépara à cette vision. Au lieu de cela, il y a ici tout ce qui fait bon vivre.

Soudain, nous ramollissons. Le confort débordant nous renvoie à nos blessures. Aux doigts à soigner, aux plaies à contenir. Tout ce que l'énergie de la marche rend inapproprié. Après des jours d'écart, mon premier désir est de me récurer jusque sous les paupières. Une envie d'eau chaude et de savon moussant. Je m'attendais à des forts sentiments et me voici à verser dans la coquetterie.

François et moi, partageons depuis

quelques années les mêmes curiosités. Ma rencontre avec Marc et Christophe nous mène à quelques semaines. Mais iI y a déjà installée cette connivence du groupe sûr de ses choix. Malgré des craquements, nos corps ont tenu à la pression du froid. La délicate promiscuité n'a généré que de rares soulèvements. Notre voyage est fait et il est temps de donner à nos corps le confort qu'ils méritent.

Kirkeness est loin, la ferme de l'éleveur, plantée dans un lieu forestier, hors du village. Nous ne les verrons pas. Pas lors de ce voyage. L'envie de voir plus au nord se fissure. Nous marchons maintenant comme si nous visitions notre potager. Il est dit que nous devions nous arrêter là.

Garder encore cette part de fantasme impatiente à décorer nos nuits prochaines.

L'agilité de Christophe à trouver un lieu sans ouvrir une carte m'épate. Une batterie en fin de vie et son portable, et nous voilà face au sourire de la propriétaire du gîte. Elle a la rudesse attachante de celle qui recueille les rares égarés et l'élégance d'en oublier leur odeur. Je me rends compte dans cet intérieur douillet que le froid ne nous a permis qu'une toilette de chat. Nous sommes pénétrés de fumée de bois et d'humus. Peut-être d'odeurs moins flatteuses. L'hôtesse nous demande de laisser nos affaires dans un débarras qui aurait volontiers suffi à notre nuit. Mais il faut tourner la page de cette vie de trappeur et à nouveau s'embourgeoiser. L'affaire n'est pas si aisée alors nous tournons dans nos chambres un peu désemparés. Une tapisserie d'une époque désuète nous aide à prendre pied avec douceur dans ce monde qui est notre vie.

Nous nous retrouvons devant la porte d'entrée, astiqués comme des carrosses, habillés dans des vêtements qui conservent leur lourd parfum. Une balade s'engage qui nous pousse jusqu'au dîner. Des habitants furtifs s'échappent. Les promenades semblent ne pas être sous ces latitudes des pratiques recommandables. Le village est à nous. Seuls les enfants se décollent des fenêtres et font de la neige la matière universelle de leurs jeux. De belles bouilles d'enfants, avec leur regard de steppe.

Nous cessons la visite au troisième tour du village. Il est l'heure de nous laisser aller. Le repas avalé, nous prenons la direction du sauna pour un plaisir scandinave. Une récompense à la hauteur de notre attachement à ce fichu pays. Une chaleur épaisse qui guérit jusqu'aux pires fléaux. Elle finit de nous dépouiller. Fatigués jusqu'à l'os, nous nous laissons un temps de silence. Une longue bière sans goût pour accélérer la suée et le corps encore perlé de transpiration, nous plongeons dans un trou de neige. Nous nous agitons sans pudeur sous les étoiles. Il n'est plus question de chaleur, de froid, mais d'un bonheur de nouveaux-nés. Nus à seulement sourire sous les étoiles.

La cour de récréation

Sevettijärvi. Le taxi tarde, mais qu'importe. Nous avons pris la mesure du temps dans les coulées de neige et nous ne sommes pas empressés. Les minutes se sont dilatées entre une nuit qui déniait sombrer dans l'obscurité et le jour enfiévré par la blancheur de la neige. La lenteur de nos pas provoqua chez nous un élan de curiosité pour le plus anodin des détails. Les animaux absents, nous nous en sommes remis aux ombres sur la neige, à la forme des nuages, aux crêtes des arbres pour nous émerveiller. Une fois les portes du taxi refermées, il en sera fini de cet épisode de vagabondage et de ses éblouissements à moindre compte.

Nos sacs sont fermés. Les pulkas ont au fil des jours épuisé leurs réserves. Elles ne sont plus les lourdes remorques du début du périple, mais il y a encore dans leur ventre le carburant suffisant pour nous enfoncer loin en terre de Laponie. Seuls les skis ficelés comme des fagots témoignent d'une matinée de départ.

Le soleil jamais aussi présent. Une quiétude à patienter sur une terrasse de café méditerranéen. L'absence de vent. Une neige pure. Des maisons de couleur. La bourgade s'échine pour mieux nous faire regretter la rupture à venir. Mais le sentiment nostalgique nous épargne. Le voyage a comblé nos désirs et pour cette fois, rien n'est à rajouter.

Mais il y a encore cette étincelle dans le regard de François. Le garçon dispose d'une capacité jamais rassasiée à faire du banal une envolée héroïque. C'est un caractère déroutant et salutaire qui emporte avec lui les âmes tièdes qui n'osent pas. Caractère qu'il convient toutefois de tempérer. Comme les autres membres du groupe, François consent de laisser à un prochain voyage une remontée franche vers le nord mais je devine chez lui une dernière envie d'en découdre.

Et si nous allions visiter les élèves de l'école ?

Nous ne l'avons pas vu venir celle-là. À deux minutes de retrouver le chemin inévitable du retour, sa proposition sonne comme une ode à la fantaisie. Même si elle gagne en mesure (L'ami a l'habitude de détours plus conséquents), elle n'en demeure pas moins irréalisable.

Nous ne pouvons que sourire devant les emballements de François et lui opposer des arguments de grincheux. Même dépassé le cercle polaire arctique, les programmes scolaires et les horaires sont à tenir. Les subventions européennes ont depuis des lustres remonté la route 971 et cette école ressemble à toutes les écoles avec ses patères accrochant de petits bonnets dans les airs. Que pouvons-nous apporter d'extraordinaire à ses enfants ? Nos deux mondes n'ont pas attendu notre voyage pour s'observer.

Passés les sermons, que reste-il ? Une Laponie ancrée au milieu du village. Quatre gosses turbulents que la vie de voyage enivre. Et l'envie soudaine que le taxi tarde, prenne une mauvaise voie, qu'une autre course le distrait, qu'il disparaisse sous un autre horizon ou qu'il se fasse avaler par un ours. Une attente immense qui nous ouvrirait les portes de l'école. Que nous puissions rencontrer les enfants samis et chevaucher avec eux quelques animaux rares. S'abreuver de contes nordiques. Que nous puissions demeurer dans ce monde qui ressemble à s'y méprendre à notre enfance où chaque découverte offre le sourire immédiat et le bonheur facile.

Marc, Christophe et moi sommes redevenus adultes une fois frottée la crasse poussiéreuse du voyage. François ne lâche rien.

J'ai la conviction que c'est lui qui a raison. Profiter. Humer le dernier air. Admirer nos têtes de trappeurs. Demeurer le plus longuement possible dans la cour de récréation. Après, il sera toujours temps de raser nos mentons et chercher des sentiers désertés pour de nouvelles déprises. Nous ne sommes vraiment pas empressés.

Les chacals

Le palet file à toute allure. Des gladiateurs engagent et s'entrechoquent. Beugle une musique de fête foraine. Pour le novice que je suis, le hockey sur glace est un jeu déconstruit, utile à déchaîner des grondements. Des vénérations finlandaises, je ne retiendrai que le sauna.

Mais le soir à Ivalo offre si peu de divertissements qu'il ne faut en délaisser aucun. La porte de l'immense hangar était ouverte sur une lumière jaune où une foule semblait attendre l'arrivée de Dieu sur terre. Pareille proposition ne peut se refuser. Alors nous avons réglé nos billets et pris place dans la tribune. Notre statut de résidents d'Ivalo nous fit supporters des locaux. Nos tignasses brunes flottant dans un océan coiffé de casquettes américaines.

Je regarde les empoignades et les buts s'empilent dans les huées. Malgré mes efforts, je peine à m'intéresser au déroulement de l'affaire. Une partie de moi ferme les valises et l'autre peine à s'extraire du voyage. Le parfum du lac colle à ma chemise.

Je pense à la femelle élan aperçue du taxi nous ramenant du nord. Belle et énorme bête que le destin ne nous fit pas approcher à hauteur d'homme. Elle dégageait une force inouïe. Un voyage futur peut suivre ses traces placides et ses souilles. Je pense à Sevettijärvi qui ne peut être qu'un futur départ pour Kirkeness et la région polaire. Le territoire se dessine. À s'y noyer. Je pense à l'éleveur sami et ses rennes que nous n'avons pas revus. Un plaidoyer vers de nouvelles rencontres. Je pense à l'hôpital d'Ivalo où nous nous suffîmes de petites incisions au scalpel et de trois cachets blanchâtres. Une simple mise en garde à l'inévitable retour sur ces terres. Et je pense au tambour de Mari Boine qui continuera de labourer mon ventre. Cette part inestimable de l'âme lapone subtilisée à une reine.

Une corne de brume siffle la fin du

premier quart-temps et de notre présence dans le gymnase.

Il neige. Une neige délicate brûlant dans le bûcher des lampadaires.

Nous finissons la soirée dans cette lumière de tueur à gages à passer de l'ombre au soleil. À respirer l'air à grands poumons pour en conserver la rudesse. À sourire à cette nuit tenace. Les rues sont désertes. Des yeux sortent des rares pick-ups roulant au pas et nous observent comme nous avons observé l'élan. Ils ont à l'évidence une tendresse différente de celle que nous portions à l'animal. Je devine toute leur interrogation devant ces ombres de chacals en chasse. Il est tard et notre forfait est depuis longtemps commis. Nos obstinations nous ont attiré les bonnes grâces des dieux lapons et nous savons que le voyage ne fait que commencer.

Kukka est finlandaise. Kukka est mon amie et sur la route du motel, je veux lui dire :

Et ma Kukka, vois haut vers le nord, ton pays est formidable. On y sert le voyage comme nulle part ailleurs !

DU MÊME AUTEUR

J'AI APPRIS À RÊVER
Editions La Trace – 2022

ÉDITIONS
LA TRACE

1ère édition
Dépôt légal Mai 2024
Achevé d'imprimer en Union européenne